Wolfgang Endres · Hans Engberding · Klaus Mertensmeier

Der Englisch-Trainer

Band 1

Starthilfen für das 2. – 5. Englischjahr

Christian Name

Surname

Street

Street Number

Postal Zone Number

Residence

Date of Birth

Place of Birth

Name of School

Die Deutsche Bibliothek – CIP-Einheitsaufnahme

Endres, Wolfgang:

Der Englisch-Trainer : Sek. 1 ; Starthilfen für das 2.–5. Englischjahr /
Wolfgang Endres ; Hans Engberding ; Klaus Mertensmeier. –
5., unveränd. Aufl. – Weinheim ; Basel : Beltz, 1992
(Lernhilfen)
ISBN 3-407-83060-2

5., unveränderte Auflage 1992

Lektorat: Peter E. Kalb

Umschlaggestaltung: Bernd Schröder, Speyer
Gesamtherstellung: Druckhaus Beltz, 6944 Hemsbach
Printed in Germany

ISBN 3 407 83060 2

Wolfgang Endres · Hans Engberding · Klaus Mertensmeier

Der Englisch-Trainer

Sek 1

Starthilfen für das 2. – 5. Englischjahr

5., unveränderte Auflage

Karikaturen: Markus Olivieri
Idee und Ausarbeitung: Klaus Mertensmeier
Wissenschaftliche Beratung: Hans Engberding

Gesamtkonzeption: Wolfgang Endres

BELTZ · Weinheim und Basel

Für die Bereitstellung von Fotos danken wir folgenden Personen, Firmen und Institutionen:

British Tourist Association, Frankfurt (Seiten 86, 188)
Bundesministerium für Forschung (Seite 43)
Deutsche Bundesbahn, Mainz (Seiten 59, 139, 148, 154, 158, 175)
Deutsche Bundespost, Bonn (Seiten 48, 164)
Hertie GmbH, Berlin (Seiten 120, 130)
Deutsche Lufthansa, Köln (TITELFOTO, Seiten 36, 65, 69, 77, 194, 198)
Deutscher Motorsport Verband e.V. / W. Weidlich, Frankfurt (Seite 53)
Deutsche Shell AG, Hamburg (Seiten 104, 182)
Herrn Jürgen Simon (Seite 112)
NASA, Houston (Seite 12)
Ullstein-Bilderdienst, Berlin (Seite 134)
Victorinox, CH-Ibach-Schwyz (Seite 168)
Herrn Klaus Weingärtner, Pressebilder / Handball-Informationsdienst, Göppingen (Seite 20, 95, 99)
Herrn Hans Weitz, Pressefoto, Traunreut (Seiten 24, 74)

Trainer - Programmhinweise Inhaltsverzeichnis

Wissenswertes und Merkwürdiges

Rätsel und Denksportaufgaben

An die Eltern,
Lehrerinnen und Lehrer

7822 St. Blasien, im September 1983

Sehr verehrte Eltern,
liebe Kolleginnen und Kollegen,

in Ihrem Bemühen, geeignete Lerntechniken anzubieten, die Ihrem Kind, Ihren Schülern helfen, in Englisch (wieder) auf die Höhe zu kommen, möchten wir Sie mit diesem Englisch-Trainer gern unterstützen. Er ist ein nach praxiserprobten Erkenntnissen der Lernpsychologie und -methodik aufgebautes Trainingsprogramm mit Checklisten und einer neuartigen Behandlung von Standardproblemen wie z.B. Bildung und Anwendung der Zeiten, unregelmäßige Verben oder Lernen und Behalten von Vokabeln.

Der Englisch-Trainer möchte mit seinen Anregungen in erster Linie Hilfen zur Selbsthilfe anbieten. Diese Konzeption wird beispielsweise durch ein eigenes Kapitel über den richtigen Umgang mit dem Wörterbuch verdeutlicht. Die Freude am selbständigen Arbeiten zu fördern und Impulse für den praktischen Umgang mit der englischen Sprache zu geben, sind weitere Lernziele, die Eigeninitiative und Motivation des Schülers in den Vordergrund stellen.

Daher werden wissenschaftliche Regelwerke bewußt nicht in ihrer Komplexität dargestellt, sondern so aufbereitet, daß bei größtmöglicher Lernökonomie eindeutige Grundlagen für den korrekten aktiven Sprachgebrauch im Schriftlichen wie im Mündlichen vermittelt werden.

Um die ganze Konzentration auf den jeweiligen Lernschwerpunkt zu ermöglichen, werden Erklärungen und Aufgabenstellungen grundsätzlich in deutscher Sprache gegeben. Das Prinzip der kontrastiven Analyse zu befolgen, d.h. die behandelten Strukturen des Englischen in vergleichbare Strukturen der Muttersprache Deutsch in Beziehung zu setzen, haben wir als entscheidenden methodischen Vorteil gesehen und konsequent genutzt (angelehnt an Dodsons Prinzip der "Aufgeklärten Einsprachigkeit").

Entscheidend für die Auswahl und jeweilige Breite der Darstellung war die durch Fehlerstatistiken ermittelte relative Häufigkeit. In vielen Kursen und Seminaren des Studienhauses St. Blasien haben wir die Problemfelder ermitteln und abstecken können, die vom zweiten Englischjahr an am häufigsten auftreten, die aber auch noch nach fünf Jahren Englischunterricht besondere Schwierigkeiten bereiten. Bei der sich daraus ergebenden Konzentration auf das wirklich Wichtige hätten die Bereiche Indirekte Rede und If-Sätze ebenfalls behandelt werden müssen, doch hätte der Englisch-Trainer dadurch eine lernpsychologisch ungünstige Dichte erhalten, die nur auf Kosten der beabsichtigten Vorteile des Visualisierens von Lernstoff hätte eingebracht werden können.

Die großzügige Aufbereitung, die Betonung optisch-visueller Lernwege durch Fotoseiten, Karikaturen und Lernplakate ermöglichen Verknüpfungen, die nicht nur assoziativ motivationsfördernd wirken, sondern auch memotechnisch das Behalten begünstigen. Verfremdende Sprachelemente und Merksprüche sollen helfen, den Lernstoff merk-würdig zu machen. Nicht zuletzt soll dadurch das Lernen mit Spaß verbunden werden. Mit dieser Absicht ist auch der clevere Hamster Archie als ständiger Begleiter am Werke. Er unterstreicht die markanten Punkte durch seine Späße und sorgt auch dadurch für Abwechslung, daß er eine Reihe von Denksportaufgaben einstreut. Hier allerdings gibt er die Aufgabenstellung auf Englisch. Die mathematischen Elemente der Rätsel sollen dazu beitragen, Fähigkeiten und Stärken des eher mathematisch Interessierten mit den Inhalten eines Sprachbuches zu verknüpfen. So wünschen wir allen, die mit diesem schulbuchunabhängigen Übungsbuch arbeiten, die positive Grundhaltung zum Lernen am Erfolg und vor allem die Erfahrung, daß Lernen auch Spaß machen kann.

Freund-lich
Ihre
Hans Engberding, Klaus Mertensmeier und Wolfgang Endres

$$1 \times 8 + 1 = 9$$

$$12 \times 8 + 2 = 98$$

$$123 \times 8 + 3 = 987$$

$$1234 \times 8 + 4 = 9876$$

$$12345 \times 8 + 5 = 98765$$

$$123456 \times 8 + 6 = 987654$$

$$1234567 \times 8 + 7 = 9876543$$

$$12345678 \times 8 + 8 = 98765432$$

$$123456789 \times 8 + 9 = 987654321$$

A good system
is worth its weight in gold

Startzeichen – Follow Me

Good morning, fans. My name is Archie, gesprochen 'Aatschih', also ähnlich wie 'Hatschi' beim Schnupfen, bloß etwas anders, eben 'Aatschih'.

Mit Englisch hatte ich immer meine liebe Not. Und weil ich mit den Schulbüchern nicht zurechtkam, habe ich mir ein "Problem-lösungsstrategieheft" zugelegt. Schön kompliziert – klingt aber gut!? Dabei war es im Innenteil ganz einfach.

Früher habe ich mir manches Mal in Englisch was eingebrockt. Und dann konnte ich die Suppe nicht richtig auslöffeln, weil mir das richtige "Werkzeug" fehlte. Oder kannst du dir vorstellen, daß es besser geht, seine Suppe "auszugabeln"?

"Aufstehen – es hat geklingelt!"
Hast du schon mal verschlafen?
Dann weißt du ja, wie es
hinterher rundgeht . . .

Hast du in Englisch was verschlafen?

Na, dann ran – noch ist es aufzuholen!

Immer, wenn ich für eine schwierige Sache eine Lösung gefunden hatte, habe ich sie in mein Rezeptbuch geschrieben, mit ganz einfachen Worten. So koche ich zwar auf einem kleinen Herd, für mich aber ist das der reinste Hochofen!

Übrigens: die passenden Stichwörter habe ich immer an den Rand geschrieben. So finde ich immer ganz schnell, was ich brauche, und außerdem behalte ich die Sachen leichter.

Und dann habe ich in meinem geheimen
Rezeptbuch auch ein Trainingsprogramm
notiert, wie ich mit kurzem Anlauf
und kleinen Schritten doch ganz schöne
Sprünge machen kann.

Es war gar nicht selten, daß ich dadurch
weiter kam, als ich mir vorgenommen hatte!

Natürlich war immer wieder Mut erforderlich,
ins kalte Wasser zu springen.
Aber erfrischend war es allemal.

Ich habe mich dabei immer an Merktafeln
"Baden ohne Gefahr" orientiert.
Solche Hinweisschilder geben Sicherheit.
Ich finde sowieso, daß es viel zu viele
Verbotsschilder gibt.

Deshalb habe ich in meinem Englischheft
Merktafeln mit hilfreichen Regeln notiert,
die "Verbote" mit den tausend Ausnahmen
habe ich einfach weggelassen . . .

Seitdem lernte ich viel entspannter;
plötzlich machte mir die Sache mehr Spaß,
ich hatte einen besseren Überblick,
konnte vieles besser behalten;
kurz und gut, so habe ich manchen
dicken Fisch an Land gezogen!

Und noch etwas:
Ich weiß, wie Fallen funktionieren.
Ich habe mir immer aufgeschrieben,
wenn unser Englischlehrer ein paar Tips
für die nächste Klassenarbeit gab.
Einige von diesen Tips kannst
auch du bestimmt gut brauchen,
wenn du das Gefühl hast:
"Vorsicht, Falle!"

Für viele Grammatikgebiete zum Beispiel habe ich mir eine eigene Gebrauchsanleitung aufgeschrieben:
Ich habe mir Bilder dazu aufgemalt, Merksprüche eingerahmt und zur Auflockerung einige Übungen dazwischengestreut.

So habe ich mein ganz persönliches "Gewußt wie" entwickelt. Und jeder, der bisher in meinen Notizen geblättert hat, kam dadurch auf eigene Ideen.

Deshalb hat ein alter Bekannter das Wort "Problemlösungsstrategieheft" eingeklammert und dick darunter geschrieben:
"Hilfe zur Selbsthilfe".
– Gefällt mir eigentlich noch besser . . .

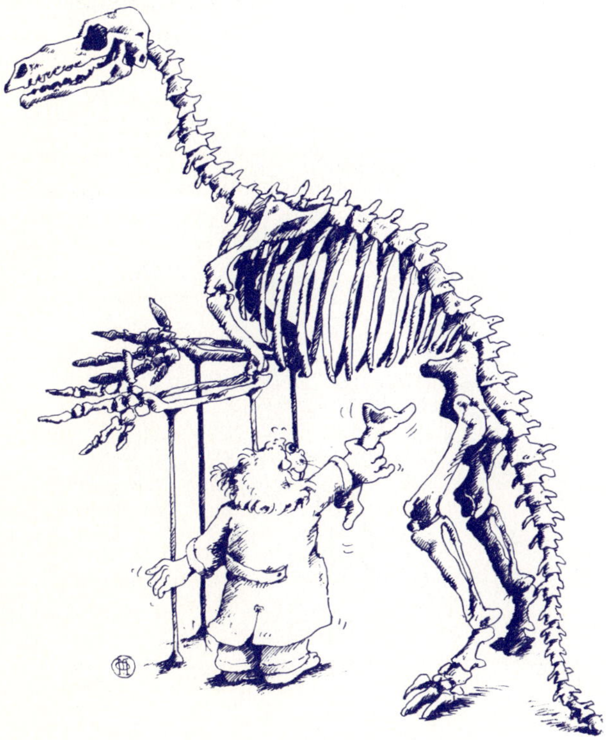

Bei alledem ist mein Heft keine trockene Lektüre geworden, sondern das Lesen macht mir (ich gebe zu: nicht immer!) sogar Spaß!

Mit dem Wunsch, daß es dir auch so gehe, vermache ich dir meine Starthilfen.

Guten Flug und keine Bauchlandung!
Dein Archie

Und dann habe ich im Laufe der Zeit gelernt, wie wichtig es ist, zuerst das Skelett zu beachten, den Überblick zu gewinnen und dann erst ins Detail zu gehen, die Feinheiten zu berücksichtigen. Hierbei habe ich gemerkt, wie wichtig es ist, das richtige Stück an der richtigen Stelle einzusetzen.

Gute Knobelaufgaben habe ich genauso gesammelt wie eine Reihe brauchbarer Übungen. Und damit ich die Lösungen immer rasch bei der Hand hatte, habe ich sie in einer Schrift notiert, die du im Spiegel von **rechts oder links** sofort lesen kannst.
Wenn du die Aufgabe gelöst hast, vergleiche dein Ergebnis mit und in einem Spiegel.

Schau, bevor du springst
Look before you leap

1 Unregelmäßige Verben – so ein Ärger

Paukversuche gescheitert?

Endlose Listen, oft dazu noch kleingedruckt, führen sicherlich nicht zum "Lernen mit Spaß". Wie oft hast du schon vor Klassenarbeiten mit dem Pauken einer solchen Liste begonnen, hast dann aber beim Buchstaben *c* wie catch, caught, caught oder spätestens bei l wie leave, left, left die Flinte ins Korn geworfen.

Dabei warst du schon auf dem richtigen Weg: Ganz ohne Pauken und Üben läuft hier gar nichts. Aber dieses Pauken kannst du dir wesentlich erleichtern.

66 Verben = solide Grundlage

Wußtest du schon, wie viele unregelmäßige Verben es im Englischen überhaupt gibt? Gut 200 sind's. Glücklicherweise brauchst du dich um mehr als die Hälfte davon überhaupt nicht zu kümmern. Denn sie treten entweder äußerst selten auf oder können durch andere, regelmäßig gebildete Verben ersetzt werden. Von denen, die noch übrigbleiben, haben wir die 66 wichtigsten ausgesucht und in Lernblöcke aufgeteilt. Was du schon bei einem ersten Überfliegen dieser Blöcke feststellen kannst: So manche Verben mit ihren unregelmäßigen Formen sind längst alte Bekannte wie to go, to do, to make, to find . . . Es dürften so um die vierzig Verben übrigbleiben, die du wirklich gründlich lernen oder wiederholen mußt.

1 – 2 Blöcke pro Tag sind genug

Unser Angebot an dich: Lerne von den 66 Verben auf den folgenden Seiten nur diejenigen, die du noch nicht hundertprozentig beherrschst. Du solltest dir einen Block pro Tag vornehmen, wenn du die Wörter als schwierig empfindest. Wenn ein Block kurz ist oder du mehrere alte Bekannte wiederfindest, kannst du einen weiteren Block dazunehmen.

Garantie: Wichtige Fehlerquelle ausgeschaltet

Vergiß aber nicht: Allzuviel auf einmal ist ungesund – das gilt auch für das Lernen unregelmäßiger Verben. In kaum einem anderen Bereich kannst du so gezielt und mit wenig Aufwand eine so drükkende Fehlerquelle für immer vergessen. Wenn du mitmachst, geben wir dir eine Garantie: Dieser wunde Punkt der englischen Grammatik wird dir nie mehr weh tun! Nimm uns beim Wort – probier's aus!

To eat, ate, eaten . . . Irgendwann einmal hast du gehört, was jede Form bezeichnet und wozu sie benutzt wird:

Drei Formen, die du kennen mußt

1. Form

(to) eat
essen

Die erste Form heißt

INFINITIVE

Sie dient zur Bildung von Present Tense und Future I.

You **eat** too much (Present Tense).

He **will eat** chicken tomorrow (Future I).

2. Form

ate
aß

Die zweite Form ist immer

PAST TENSE

Bill **ate** too much chocolate.

3. Form

eaten
gegessen

Die dritte Form heißt

PAST PARTICIPLE

Sie ist Bestandteil von Present Perfect, Past Perfect, Future II und allen Passivformen

I **have** not **eaten** yet (Present Perfect)

He **had eaten** when she came. (Past Perfect).

Tomorrow at 10 o'clock he **will have eaten** (Future II).

Roastbeef **is** generally **eaten** with onions (Passiv).

Gleiche Zahl, gleiche Münze = gleiche Form

Hier die Formenkisten. An den Zahlen und Münzen kannst du erkennen, welche Formen gleich und welche unterschiedlich sind. Gleiche Zahl und gleiche Münze = gleiche Form.

1 · 1 · 1

to cost,	**cost,**	**cost**	**– kosten**
to cut,	**cut,**	**cut**	**– schneiden**
to shut,	**shut,**	**shut**	**– schließen**
to put,	**put,**	**put**	**– stellen, legen**
to let,	**let,**	**let**	**– lassen**
to set,	**set,**	**set**	**– setzen**
to read,	**read,**	**read**	**– lesen**
(Aufpassen:	**” +**	**”**	**wie ”red” gesprochen!)**

1 · 2 · 1

to become,	**became,**	**become**	**– werden**
to come,	**came,**	**come**	**– kommen**
to run,	**ran,**	**run**	**– rennen**

1 · 2 · 2

to win,	**won,**	**won**	**– gewinnen**
to build,	**built,**	**built**	**– bauen**
to leave,	**left,**	**left**	**– verlassen**
to tell,	**told,**	**told**	**– sagen**
to stand,	**stood,**	**stood**	**– stehen**
to feel,	**felt,**	**felt**	**– fühlen**
to find,	**found,**	**found**	**– finden**

16	**sixteen**
16th	sixteenth

1 · 2 · 2

to lay,	laid,	laid	– legen
to get,	got,	got	– bekommen
to send,	sent,	sent	– schicken

to lead,	led,	led	– führen
to keep,	kept,	kept	– halten
to lose,	lost,	lost	– verlieren

to hold,	held,	held	– halten
to spend,	spent,	spent	– verbringen
to sleep,	slept,	slept	– schlafen
to sit,	sat,	sat	– sitzen
to shoot,	shot,	shot	– schießen
to meet,	met,	met	– treffen

to teach,	taught,	taught	– lehren
to catch,	caught,	caught	– fangen
to think,	thought,	thought	– denken
to bring,	brought,	brought	– bringen
to buy,	bought,	bought	– kaufen

Tip zum Merken: Hat die 1. Form **dieser** Verben schon ein **a**, lauten die übrigen Formen auf -**au**ght.
Hat die 1. Form kein **a**, lauten die Formen auf -**ou**ght.

to pay,	paid,	paid	– zahlen
to say,	said,	said	– sagen
to sell,	sold,	sold	– verkaufen
to make,	made,	made	– machen

1 · 2 · 2

to hear,	**heard,**	**heard**	**– hören**
to mean,	**meant,**	**meant**	**– bedeuten, meinen**
to deal,	**dealt,**	**dealt**	**– handeln (von)**

Das meiste hast du längst geschafft, jetzt kommt der Endspurt: 25 Verben sind noch in den Kisten.

1 · 2 · 3

to choose,	**chose,**	**chosen**	**– auswählen**
to begin,	**began,**	**begun**	**– anfangen**
to draw,	**drew,**	**drawn**	**– zeichnen**
to drink,	**drank,**	**drunk**	**– trinken**
to break,	**broke,**	**broken**	**– brechen**

to lie,	**lay,**	**lain**	**– liegen**
to drive,	**drove,**	**driven**	**– fahren**
to eat,	**ate,**	**eaten**	**– essen**
to fall,	**fell,**	**fallen**	**– fallen**

to show,	**showed,**	**shown**	**– zeigen**
to fly,	**flew,**	**flown**	**– fliegen**
to forget,	**forgot,**	**forgotten**	**– vergessen**
to give,	**gave,**	**given**	**– geben**
to go,	**went,**	**gone**	**– gehen**
to rise,	**rose,**	**risen**	**– aufstehen**
to know,	**knew,**	**known**	**– wissen**

1 · 2 · 3

to shake,	**shook,**	**shaken**	**– schütteln**
to see,	**saw,**	**seen**	**– sehen**
to sing,	**sang,**	**sung**	**– singen**
to speak,	**spoke,**	**spoken**	**– sprechen**

to wear,	**wore,**	**worn**	**– (Kleidung) tragen**
to swim,	**swam,**	**swum**	**– schwimmen**
to take,	**took,**	**taken**	**– nehmen**
to write,	**wrote,**	**written**	**– schreiben**
to throw,	**threw,**	**thrown**	**– werfen**

Poor Worm . . .

A worm has fallen into a glass
which is seven cm deep.
In the daytime the worm crawls
three cm up, but during
the night it slips two cm
down again.
When will the worm reach
the rim (= Rand) of the glass?

Lösung:

The worm will reach the rim on the fifth day.

Kein Glückstreffer – ein Volltreffer.

No lucky strike – a direct hit

Treffer sichern – treffsicher

Was du jetzt gelernt hast, solltest du wie im Schlaf beherrschen. Um auf Nummer Sicher zu gehen, lädt Archie dich zum Elfmeterschießen ein. Konzentration-Schuß-Tor!

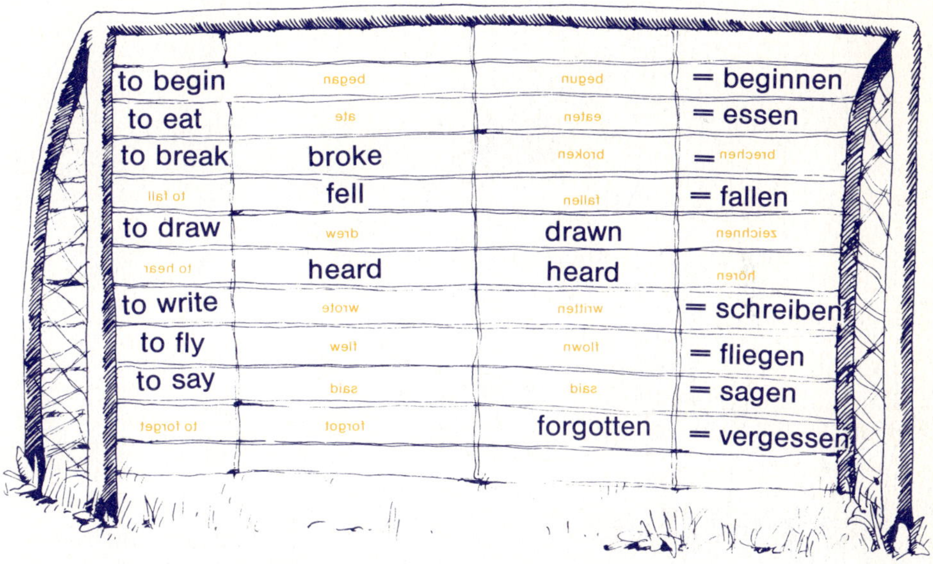

to begin	began	begun	= beginnen
to eat	ate	eaten	= essen
to break	broke	broken	= brechen
to fall	fell	fallen	= fallen
to draw	drew	drawn	= zeichnen
to hear	heard	heard	= hören
to write	wrote	written	= schreiben
to fly	flew	flown	= fliegen
to say	said	said	= sagen
to forget	forgot	forgotten	= vergessen

Welche Form steht im Abseits?

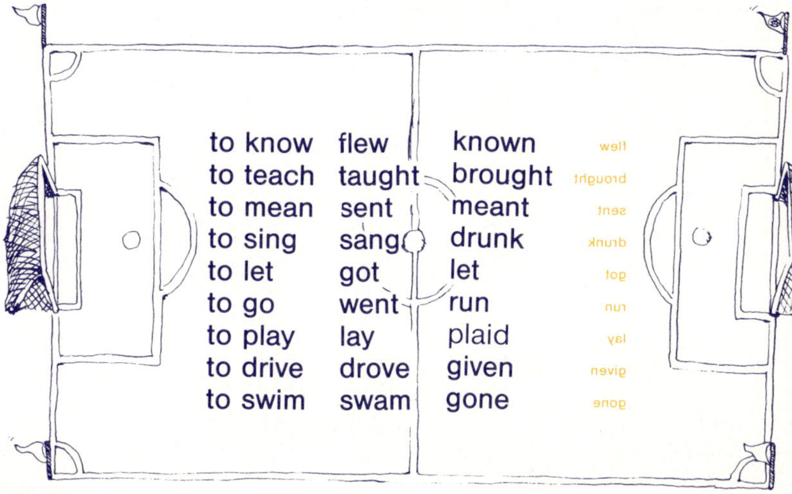

to know	flew	known	flew
to teach	taught	brought	brought
to mean	sent	meant	sent
to sing	sang	drunk	drunk
to let	got	let	got
to go	went	run	run
to play	lay	plaid	lay
to drive	drove	given	given
to swim	swam	gone	gone

Abseits erkannt?

22 **twenty-two**
22nd twenty-second

Zwei Mannschaften brauchen neue Trikots. Verpasse den vierzehn Wörtern eine **Past Tense-Form** der unregelmäßigen Verben! Sie muß sich auf das vorgegebene Wort reimen.

Zum Beispiel paßt zu 'ground' die Form 'found' (Past Tense zu 'find').

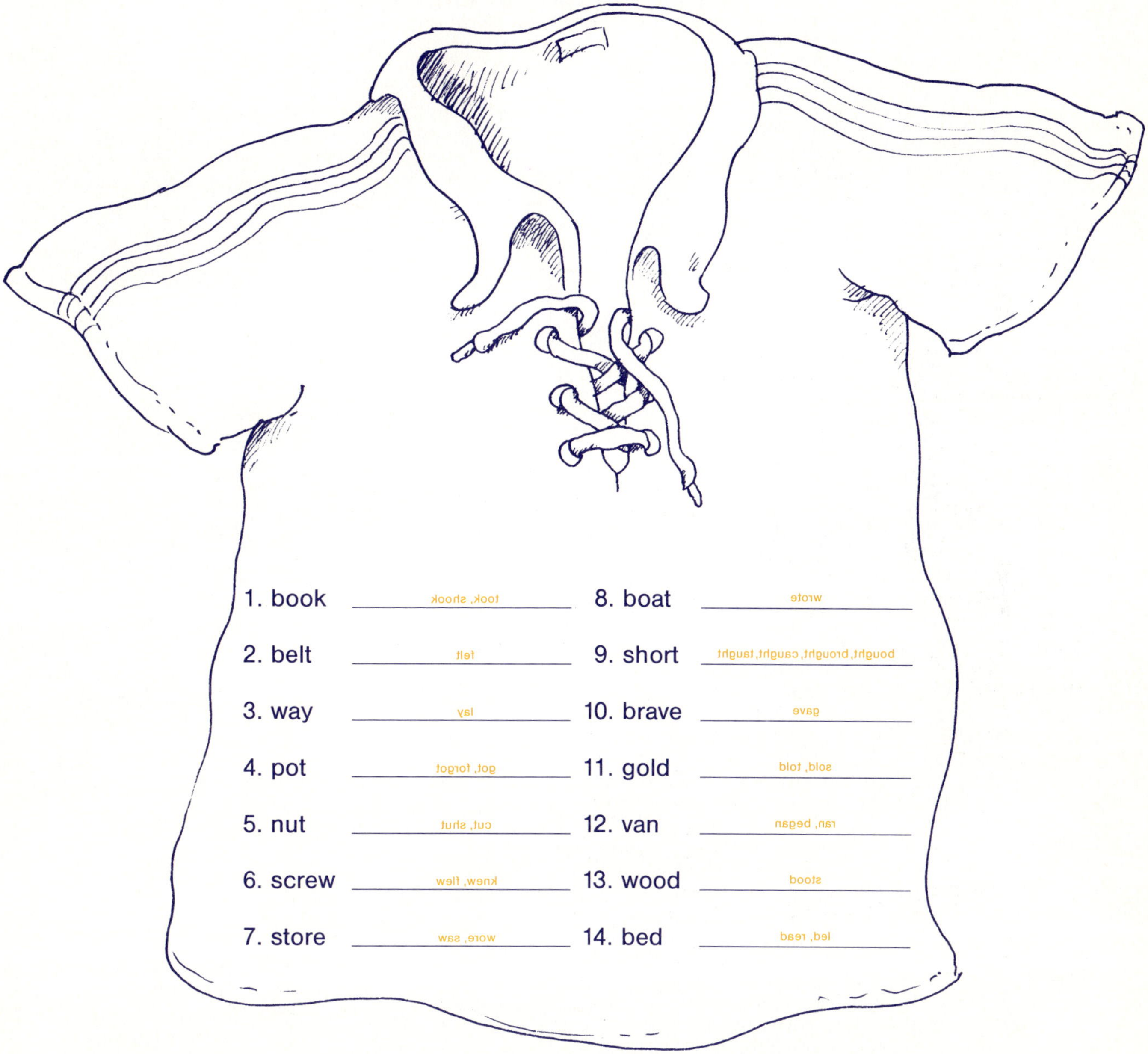

1. book	took, shook	8. boat	wrote
2. belt	felt	9. short	bought, brought, caught, taught
3. way	lay	10. brave	gave
4. pot	got, forgot	11. gold	sold, told
5. nut	cut, shut	12. van	ran, began
6. screw	knew, flew	13. wood	stood
7. store	wore, saw	14. bed	led, read

Wie du gemerkt hast, passen manchmal sogar mehrere Formen. Es reicht aber völlig aus, wenn du **eine** passende Form gefunden hast. Betrachte im Spiegel, ob die Trikots passen.

Frisch gewagt ist halb gewonnen

A good beginning is half the battle

2 Frisch gesagt ist halb gewonnen

"Reden ist Silber, Schweigen ist Gold!" Dies gilt aber ganz bestimmt nicht für den Englischunterricht.

Sparantworten unerwünscht

Häufig fehlen die passenden Worte

Treffende Wendungen sichern gelungenen Einstieg

Ein plattes 'yes' oder 'no' als Antwort können die meisten Lehrer nicht mehr hören. Auch wenn du genau weißt, was du eigentlich sagen willst, fehlen dir am Anfang häufig die passenden Worte. Und damit dir nicht länger "die Spucke wegbleibt", wenn der Lehrer verlangt: "In English, please!", hat Archie ein paar heiße Tips auf Lager. Suche dir aus jedem der acht Töpfe einen Leckerbissen aus. Damit ist dir mancher Knüller sicher. Diese Wendungen garantieren dir einen tollen Einstieg und bringen dich bei einer Stellungnahme nicht ins Schwitzen.

Meinung

a) In my opinion . . .	a) Meiner Meinung nach . . .
b) I believe that . . .	b) Ich glaube, daß . . .
c) I'd like to say that . . .	c) Ich möchte sagen, daß . . .

Tatsachen

a) It is a fact that . . .	a) Es ist eine Tatsache/steht fest, daß . . .
b) Everyone knows that . . .	b) Jeder weiß, daß . . .

Zustimmung

a) You're absolutely right . . .	a) Du hast vollkommen recht . . .
b) I agree with you . . .	b) Ich stimme dir zu . . .
c) That's true . . .	c) Das stimmt/ist wahr . . .

Ablehnung

a) I can't accept your view that . . .	a) Ich kann deine Ansicht nicht teilen/akzeptieren, daß . . .
b) I disagree with you . . .	b) Ich stimme dir nicht zu . . .
c) That's not the problem . . .	c) Das ist nicht der Punkt/das Problem . . .

Begründung

a) The reason for this is . . .	a) Der Grund dafür ist . . .
b) I'm telling you this because . . .	b) Ich sage dir das, weil . . .

Mißverständnisse

a) What I said/meant was . . .	a) Was ich sagte/meinte, war . . .
b) I did not say . . .	b) Ich habe nicht gesagt . . .
c) What I said was . . .	c) Was ich sagte, war . . .

Nachhaken

a) But what about . . .? What's your answer to that?	a) Aber was ist mit . . .? Was ist deine Antwort darauf?

Zusammenfassen

a) Summing up . . .	a) Zusammenfassend . . .
b) In conclusion . . .	b) Abschließend . . . (möchte ich sagen)
c) To give you the main points again . . .	c) Um dir die Hauptpunkte noch einmal zu nennen . . .

16 Matches Make 5 Squares . . .

If you change the position of only two matches, you will get **four** squares of the same size as before.

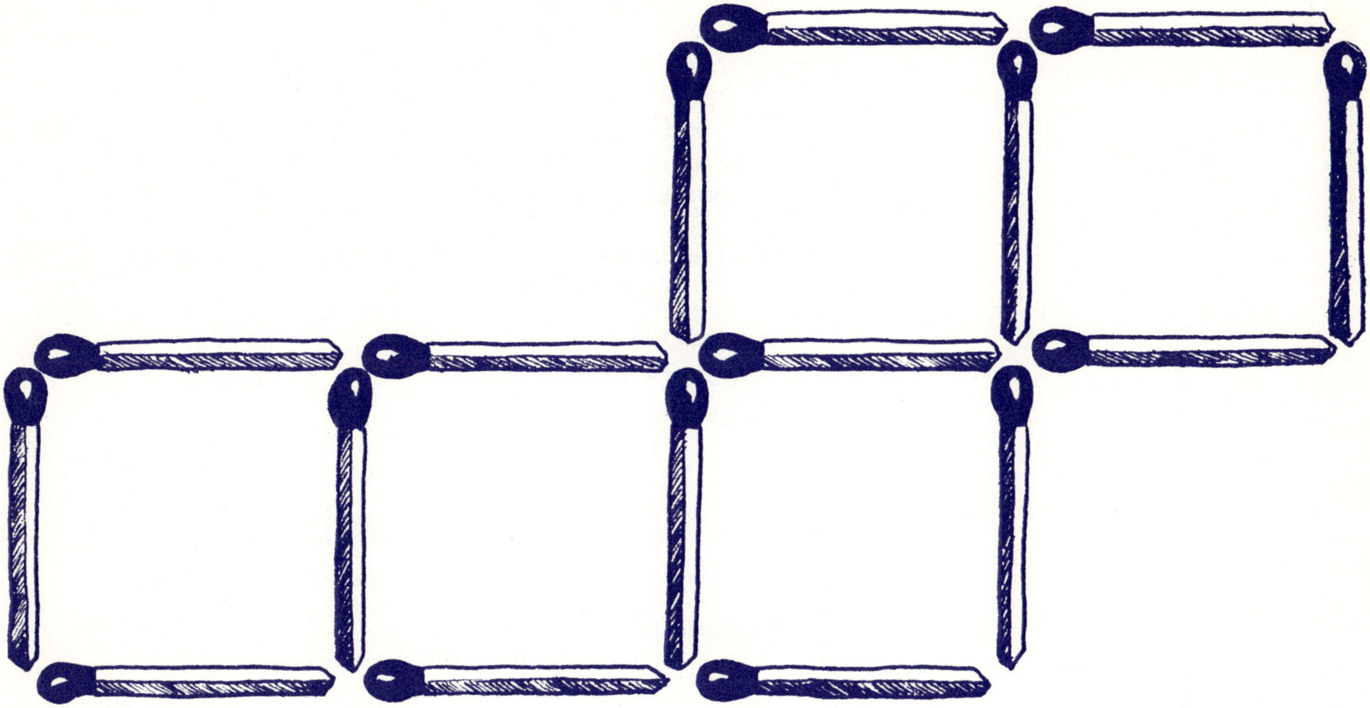

Lösung:

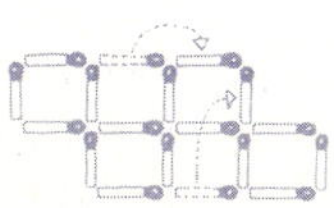

3 Eigentlich alte Bekannte: Begriffe aus der Grammatik

Die Begriffe, die du auf dieser Seite findest, hast du sicherlich alle schon einmal kennengelernt. Es lohnt sich, sie zu beherrschen, denn sie sind nicht nur für das Erlernen des Englischen, sondern für fast jede andere Sprache, die du vielleicht irgendwann lernen wirst, eine solide Grundlage.

Adjektiv (adjective, Eigenschaftswort): beautiful, nice, friendly, poor . . .

Adverb (adverb, Umstandswort): always, beautifully, happily, here

Artikel (article)
"the" ist der bestimmte Artikel, "a / an" der unbestimmte Artikel.

Konjunktion (conjunction, Bindewort): and, or, but . . .

Präposition (preposition, Verhältniswort): in, on, under . . .

Pronomen (pronoun, Fürwort):
a) Personalpronomen: I, you, he . . .
b) Possesivpronomen: my, your, his . . .
c) Reflexivpronomen: myself, yourself, themselves . . .
d) Relativpronomen: who, which, that, whom . . .

Substantiv (noun, Hauptwort): house, happiness, idea, sun . . .

Infinitiv (infinitive, Nennform / Grundform): to go, to play . . .

Verb (verb, Tätigkeitswort): go, play, went . . .
Ist ein Verb transitiv, kann es eine direkte Ergänzung (Akkusativobjekt) haben: to answer a question.
Ist ein Verb intransitiv, steht **vor** seiner Ergänzung eine Präposition: to reply **to** a question.

Hilfsverb (auxiliary): can, may, must . . .

Partizip (participle, Mittelwort):
a) Partizip im Präsens: going, playing
b) Partizip in der Vergangenheit: Verb + -ed: asked, Bei unregelmäßigen Verben die dritte Form: gone . . .

Aktiv (active, Tätigkeitsform): I beat, she asked . . .

Passiv (passive, Leideform): I am beaten, she was asked . . .

Progressive form / continuous form (Verlaufsform):
I am asking, he had been crying, you were playing . . .

Simple form (im Deutschen haben alle Verben nur die Simple form, es gibt keine Progressive form): I ask, he had cried, you played . . .

Tenses (Zeiten): siehe Seite 135 ff

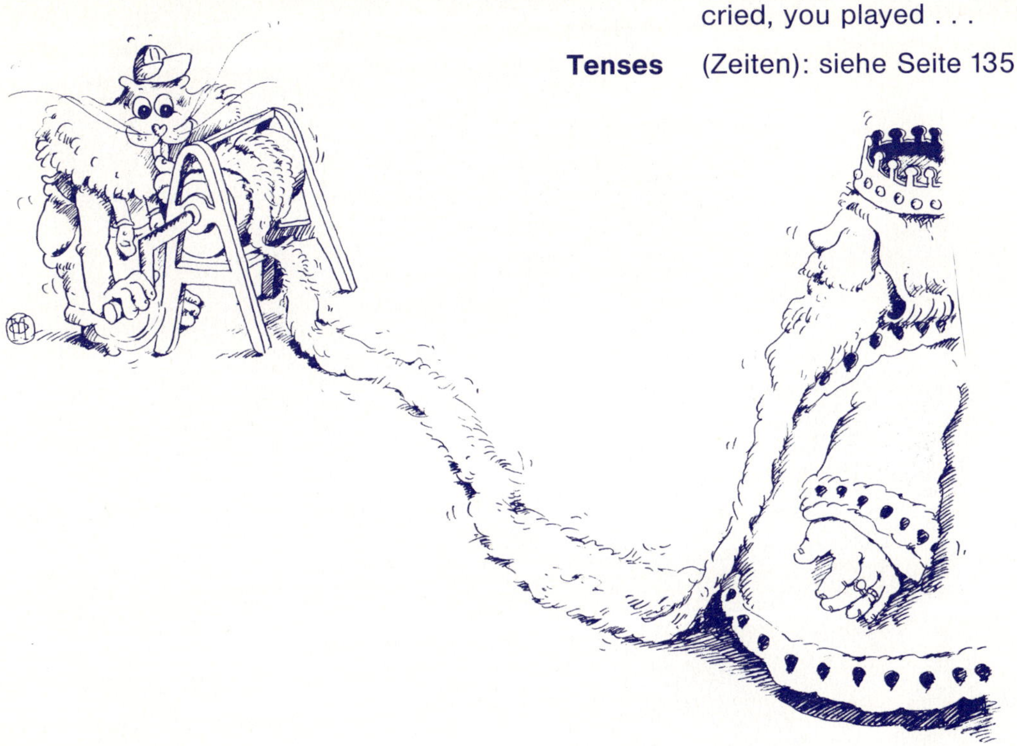

Vokal (vowel, Selbstlaut): a, e, i, o, u.

Konsonant (consonant, Mitlaut): alle übrigen Buchstaben.

Subjekt (subject, Satzgegenstand): Im Satz "Sie gab mir ein Eis aus" ist "Sie" Subjekt. Nach dem Subjekt fragst du mit "wer?/was?".

Objekt (object, Satzergänzung): Im Satz "Sie gab mir ein Eis aus" ist "mir" indirektes Objekt, und "ein Eis" ist direktes Objekt. Nach dem indirekten Objekt fragst du mit "wem?", nach dem direkten mit "wen?/was?".

Prädikat (predicate, Satzaussage): Es besteht immer aus einem oder mehreren Verben. Im Beispielssatz ist "gab" Prädikat.

Adverbiale Bestimmung (adverbial, Umstandsbestimmung):

a) des Ortes:
He's **back from Glasgow.**

b) der Zeit:
On Monday morning our teacher was late.

c) der Art und Weise:
She spoke to me **in an angry voice.**

Wer andern eine Grube gräbt, fällt selbst hinein

The biter will be bitten

4 Hau Ruck – Diktat im Griff

Archie hat's geschafft. Er stemmt das Gewicht 'Diktat' ohne Probleme hoch. Er hat die Sache im Griff.

Gezielte Diktatvorbereitung unmöglich?

"So, am Mittwoch schreiben wir ein Diktat." Lösen solche Ankündigungen auch bei dir ein mulmiges Gefühl in der Magengegend aus? Da der Lehrer den Titel des Diktats natürlich nicht verrät, bist du verständlicherweise unsicher: Wie soll ich mich überhaupt vorbereiten? Viele Schüler gehen ziellos seitenweise Texte durch und geben dann auf – zu groß ist schließlich das Angebot. Andere sagen sich gleich: "Auf Diktate kann man sich sowieso nicht vorbereiten" und tun einfach gar nichts. Beide Wege taugen nicht.

Archie zeigt einen goldenen Mittelweg, der nicht zuviel Zeit und Aufwand kostet und gleichzeitig eine optimale Vorbereitung ermöglicht.

Gefahrenpunkte angehen

Er hat nämlich herausgefunden, daß es Gefahrenpunkte in der Rechtschreibung gibt, die immer wieder auftreten und dem Schüler zum Verhängnis werden. So hat er ein übersichtliches Trainingspaket zusammengestellt, mit dem auch du die Sache in den Griff bekommst.

5

Scheinbar gleich, doch grundverschieden

Gleichklingende 'bändigen'

Malen oder mahlen? Das eine tut der Künstler, das andere der Müller. Hast du schon einmal gehört, wie man die Wörter nennt, die gleich gesprochen, aber unterschiedlich geschrieben werden? Homophone (Gleichklingende) heißen diese tückischen Biester, die aber zum Glück leicht zu bändigen sind.

Hörst du das Wort /*auə*/ ohne jeden Zusammenhang, so ist überhaupt nicht klar, ob nun

our (= unser)	oder	hour (= Stunde)

gemeint ist. Das wird immer erst aus einem Text- oder Satzzusammenhang klar, und zwar immer eindeutig klar.

Kannst du selbst sofort entscheiden, welche Form in den beiden folgenden Sätzen richtig ist? Dann streiche die jeweils falsche bitte aus:

1. This was the happiest our/hour in my life.
2. I think that our/hour teacher needs a holiday.

Satzzusammenhang bringt Klarheit

Sicherlich hat's auf Anhieb geklappt: Im ersten Satz muß 'hour' stehen, im zweiten 'our', weil nur diese Formen im Satzzusammenhang einen Sinn ergeben.

Und damit müßte schon klar sein, wie die Homophone zu besiegen sind: Immer genau auf den Sinn eines Satzes achten! Immer mitdenken, was das Geschriebene bedeutet.

Beim Schreiben immer mitdenken

Gleichklingende Wörter werden vor allem in Diktaten verwechselt. Der Grund ist meist fehlende Konzentration oder mangelndes Mitdenken. Solch eine Wörtervertauschung ist nicht nur ein Flüchtigkeitsfehler, sondern eben auch ein Denkfehler.

Also:
Nie mechanisch mitschreiben, sondern immer MITDENKEN!

Jetzt folgt noch eine Zusammenstellung derjenigen Homophone, die besonders häufig vertauscht werden. Sieh sie dir bitte gründlich an: Du wirst feststellen, daß sie vom Sinn, von ihrer Bedeutung her, absolut nichts miteinander zu tun haben.

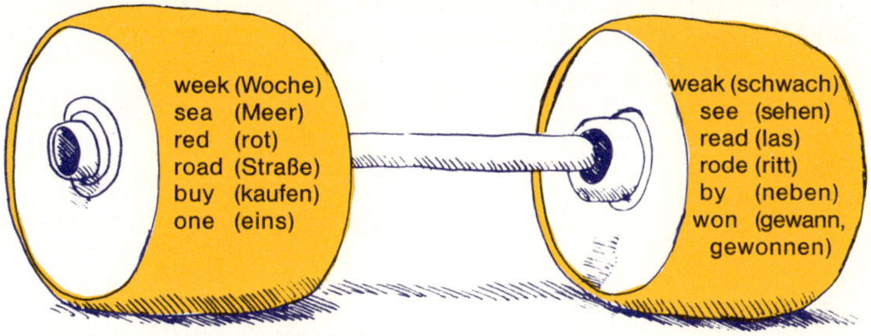

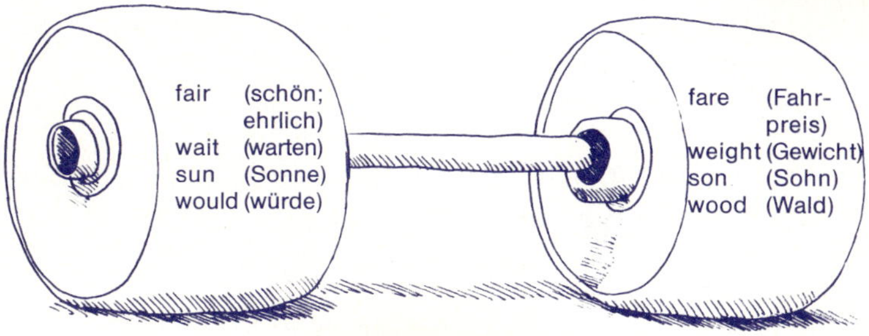

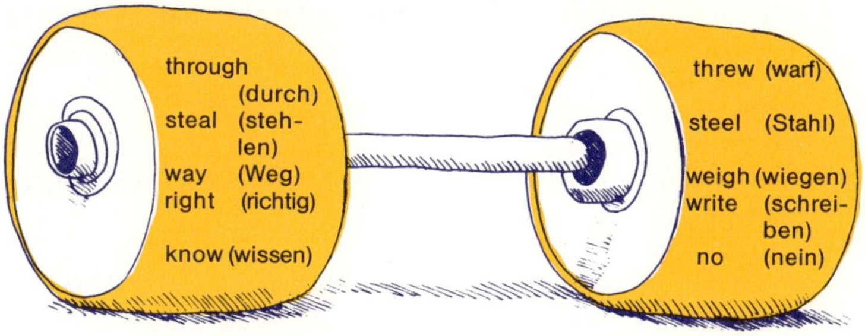

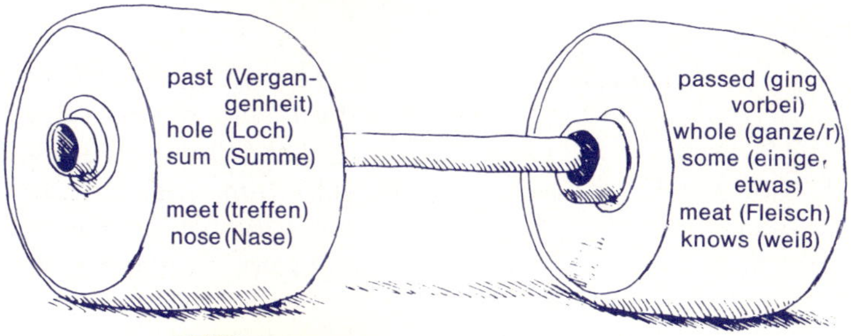

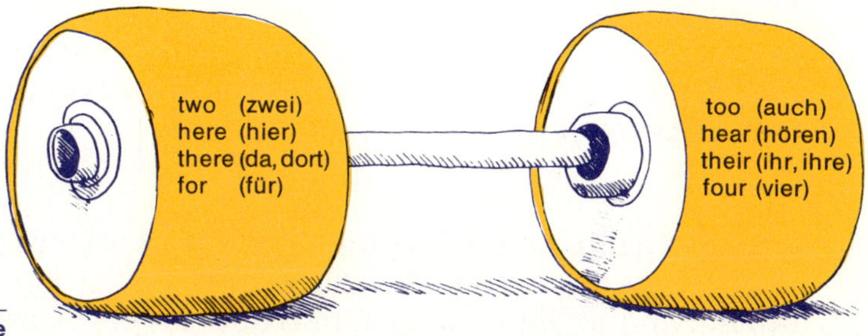

Zwar gleicht ein Ei dem anderen, aber hier liegen Kuckuckseier im Nest. Eier, die wirklich in das Nest gehören, findest du als "Spiegel-Eier" am Rand.

week – There
our – sun
threw
our

Last week/weak we gave a party. There/their were many guests in our/hour house. The party was rather quiet until the sun/son went down. But there was a loud noise: somebody threw/through a stone through the window of our/hour living-room.

weather – fair
their – rode
There – road

Last Wednesday the weather/whether was fare/fair. So Britta and Tom took there/their bicycles and rode/road along the lake. Their/There wasn't much traffic on the rode/road.

two – there
hole – too

Yesterday Pete had two/too holes in his right sock. Today there/their is a hole/whole in his left sock, too/two.

buy – some
sum
buy – red

Jane wanted to buy/by some/sum fruit at the grocer's. After she had taken some pears she realized that the sum/some of money in her bag wasn't enough to buy/by any of the read/red apples her brother had asked for.

Here – hear

"Hear/Here you can hear/here the newest pop-records".

rode
for – weak

Sitting on her bicycle, Martina rode/road along the fields. She had been ill for/four a long time, so she still felt quite week/weak.

there
through
whether
weather
wait – know
sun – through

Pete arrived at school two hours later than usual because there/their was a snow-storm. His bus could not get through/threw earlier. When his uncle asked him whether/weather he would stay with him until the whether/weather improved, Pete replied: "I know/no it's hard to find my way back home, but I can't weight/wait until the son/sun comes threw/through."

read – red
knew – would – no
week

When Tom read/red all the read/red marks in his copy-book he knew/new that he wood/would get know/no pocket-money at all that weak/week.

steal – steel
their – through
weight
steel – too – for

A robber gang tried to steel/steal a lorry loaded with steel/steal. They made there/their way through/threw all the controls but when trying to unload they found out that the wait/weight of the steal/steel was two/too much four/for them.

Die Geschichte vom Meister Zwirn

Es war einmal ein Schneider, der hatte eine Änderungsschneiderei: Hosen kürzen, Knöpfe auswechseln, Gardinen umnähen, Reißverschlüsse ersetzen usw..

Durchblick beim Ändern verloren?

Eines Tages – es war kurz vor der Urlaubszeit – hatte er so viel zu tun, daß er nicht mehr durchblickte: Er hatte vergessen aufzuschreiben, was an welcher Stelle geändert werden mußte. Im Kopf behalten hatte er es leider auch nicht richtig, dafür waren es zu viele Kleidungsstücke. Er aber glaubte, es doch noch so ungefähr im Kopf zu haben. Fleißig nähte, nähte und nähte er. Er wollte ja seine Kunden nicht enttäuschen und warten lassen.

Als der lange Egon dann erschien, um seine Jeans abzuholen, fand er nicht den gewünschten neuen Reißverschluß, wohl aber die Hose gekürzt wieder. Frau Pixie sah an ihrem Rock zwar nicht die neuen Knöpfe, aber umgenäht war er dafür.

Worauf es beim Ändern ankommt

Archie hat Meister Zwirn besucht und ihm ein paar Sprüche in die Werkstatt gehängt. Danach klappte alles wie am Schnürchen. Er merkte: Änderungen machen ist gar nicht schwer. Man muß nur wissen, an welcher Stelle sie nötig sind. Und das ist im Englischen genauso wie bei Jacke und Hose.

Was ist ein Handwerker ohne sein Werkzeug?
What is a workman without his tools?

**Wenn's am Ende zischt,
wird –es aufgetischt:**

box – boxes
I watch – Peter watches

Zischlaute sind: -s, -x, -ch, -sh.

**y wird zu 'ie' verwandelt,
wenn es sich um Plural,
Present oder Past Tense handelt,
doch nach a, e, i, o, u
bleibt das y in Ruh'.**

story – stories
I hurry – he hurries
she hurried
aber: way – ways

**Bei einem Adverb wie angrily
wird das y zu i.**

**Ehefrauen und Messer
finden 'v' im Plural besser:**

knife – knives
wife – wives

**Willst du steigern, Past Tense bilden
oder wiedergeben einen Verlauf,
tauchen Konsonanten nach
kurzem a, e, i, o, u gleich doppelt auf:**

big – bigger – biggest
the car stopped
he is/was/has been swimming

**Was sie tut, wenn er geht,
bei go und do -es entsteht:**

she does
he goes

Maß nehmen und ändern

Setz dich mal selber an die Nähmaschine und schneidere die Wörter in den Plural:

1. tax ______ taxes
2. wife ______ wives
3. dish ______ dishes
4. lady ______ ladies
5. valley ______ valleys
6. brush ______ brushes
7. key ______ keys
8. match ______ matches
9. fly ______ flies
10. penny ______ pennies
11. toy ______ toys
12. watch ______ watches
13. day ______ days
14. ax ______ axes
15. baby ______ babies
16. fish ______ fishes
17. knife ______ knives
18. dress ______ dresses
19. church ______ churches
20. city ______ cities
21. glass ______ glasses
22. monkey ______ monkeys
23. kiss ______ kisses
24. way ______ ways
25. box ______ boxes
26. country ______ countries
27. bush ______ bushes

6 Richtige Datenverarbeitung

Bei der Datumsschreibung gibt es eine Fülle von Möglichkeiten. Die drei gängigsten Schreibweisen solltest du dir nun einmal ansehen:

Aussprache und Schreibung unterscheiden sich

13th August 1997 13 August 1997 13 / 8 / 1997	gesprochen: the thirteenth of August nineteen ninety-seven

Datum vor jeder Klassenarbeit vorschreiben

Bei Klassenarbeiten mußt du das Datum an den Rand schreiben, und da solltest du nicht gleich einen Fehler kassieren. Prüfe deshalb, welche Schreibweise dein Englischlehrer verlangt. Bist du nicht sicher? – Fragen kostet nichts. Trage ein Beispiel in dein Heft ein und schreibe von nun an vor jeder Klassenarbeit das entsprechende Datum einmal vor:

Nachdem Archie dir den kleinen, aber heiklen Punkt 'Datum' aufgetischt hat, fragt er dich verschmitzt:

"As you know, some months have 30 days, some 31 days. How many months have 28 days?"

Lösung:

Of course all months have 28 days.

39	**thirty-nine**
39th	thirty-ninth

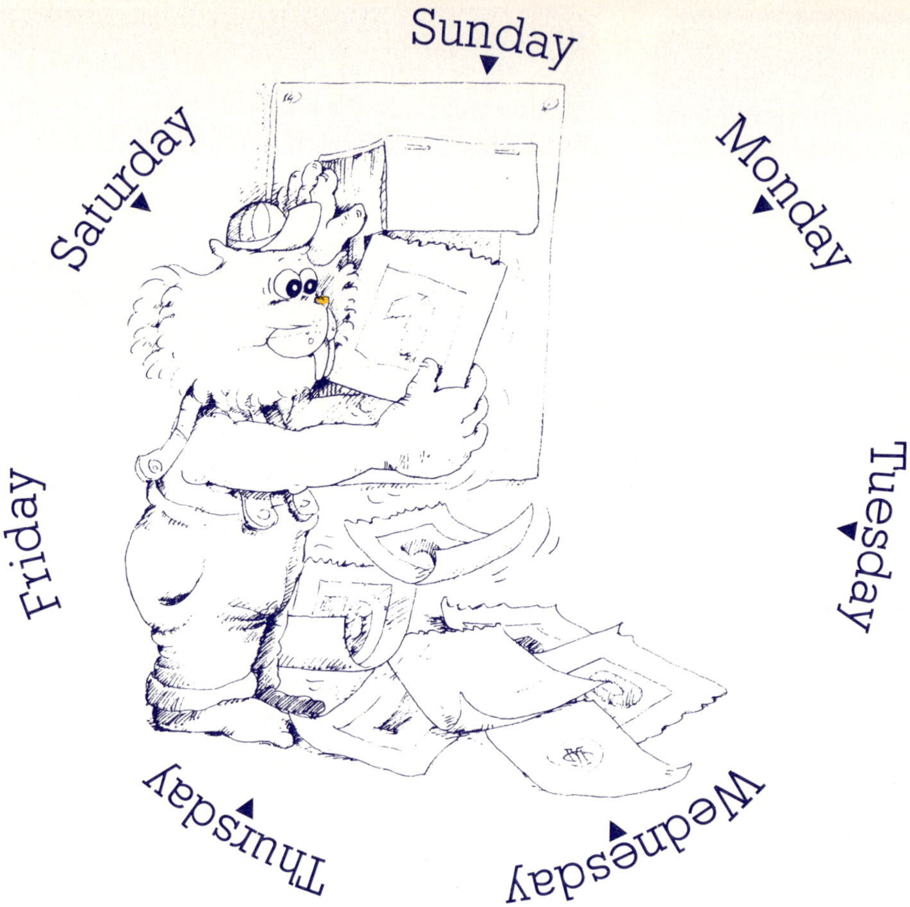
Sunday
Monday
Tuesday
Wednesday
Thursday
Friday
Saturday

2000
1983
1984
1985
1986
1987
1988
1989
1990
1991
1992
1993
1994
1995
1996
1997
1998
1999

Bei der Datumsschreibung wird dir der Kalender bis ins Jahr 2000 ein guter Ratgeber sein. Deshalb baue ihn schnell zusammen!

Und so wird's gemacht:

Guter Rat ist nicht teuer

1. Buchseiten 40 und 42 kopieren
2. Kreise ausschneiden
3. Kreise auf Pappe kleben
4. In die Mitte eines jeden Kreises ein Loch machen
5. Kreise nach Größe aufeinanderlegen: Wochentage, Zahlen von 1 bis 31, Monate, schließlich Jahreszahlen
6. Stecke nun durch die 4 Kreise eine Briefklammer und verschließe sie.
7. Schon ist dein Kalender fertig. Hänge ihn jetzt mit dem gewünschten Wochentag nach oben an die Wand. Dazu befestige entweder eine Wäscheklammer an der Wand, oder stecke eine Heftzwecke durch den Kalender. Stelle dann die übrigen Daten ein.

Jetzt hast du bewiesen, daß Datenverarbeitung nicht immer elektronisch sein muß.

1 2 3 4 5 6 7 8 9 10 11 12 13 14 15 16 17 18 19 20 21 22 23 24 25 26 27 28 29 30 31

January February March April May June July August September October November December

Was nützen Sonnenkollektoren im Schatten?

What's the good of sun-collectors in the shade?

7

Ohren gespitzt – Dr. Trommelfell empfiehlt

Falscher Buchstabe = falsches Wort

Auf den einzelnen Buchstaben kommt es oft genug an. Big und pig, back und pack unterscheiden sich nur in der Aussprache eines einzigen Lautes. Wer da beim Diktat nicht genau aufpaßt, den erwischt's.

Wie wichtig es ist, genau hinzuhören, kannst du an der kurzen Liste überprüfen, in der es nur darauf ankommt, th und s auseinanderzuhalten. Am besten bittest du jemanden, dir eine der Spalten zu diktieren.

Gut aufpassen und anschließend natürlich die Ergebnisse vergleichen:

th oder s?

thin	(dünn)	sin	(Sünde)
thicker	(dicker)	sicker	(kränker)
worse	(schlimmer)	worth	(Wert)
sought	(suchte, von 'to seek')	thought	(dachte)
bathe	(baden)	bays	(Buchten)
closing	(Schließung)	clothing	(Kleidung)
some	(einige)	thumb	(Daumen)
think	(denken)	sink	(sinken)
theme	(Thema)	seem	(scheinen)
also	(auch)	although	(obwohl)
mouth	(Mund)	mouse	(Maus)
faith	(Glaube)	face	(Gesicht)
sing	(singen)	thing	(Ding)
though	(obwohl)	so	(deshalb)

Und nun ist dein Partner an der Reihe mit dem Aufschreiben der anderen Spalte.

Bemühen um gute Aussprache hilft Rechtschreibeprobleme lösen

Wenn du häufig Fehler in diesem Bereich machst, liegt es wahrscheinlich auch an deiner eigenen Aussprache. Sehr oft nämlich haben Schüler, die es mit der Aussprache nicht so genau nehmen, dadurch auch Rechtschreibschwierigkeiten. Es lohnt sich also, auch beim Sprechen auf Deutlichkeit und Genauigkeit zu achten.

Es gibt noch weitere Lautpaare, bei denen oft Fehler gemacht werden. Laß dir auch diese Spalten diktieren. Wenn dir eine Wortbedeutung unklar ist, schlag bitte nach in deinem Wörterbuch. (Bereitet dir der Umgang mit dem Wörterbuch noch Schwierigkeiten, schau doch mal auf Seite 121 ff. dieses Englischtrainers nach.)

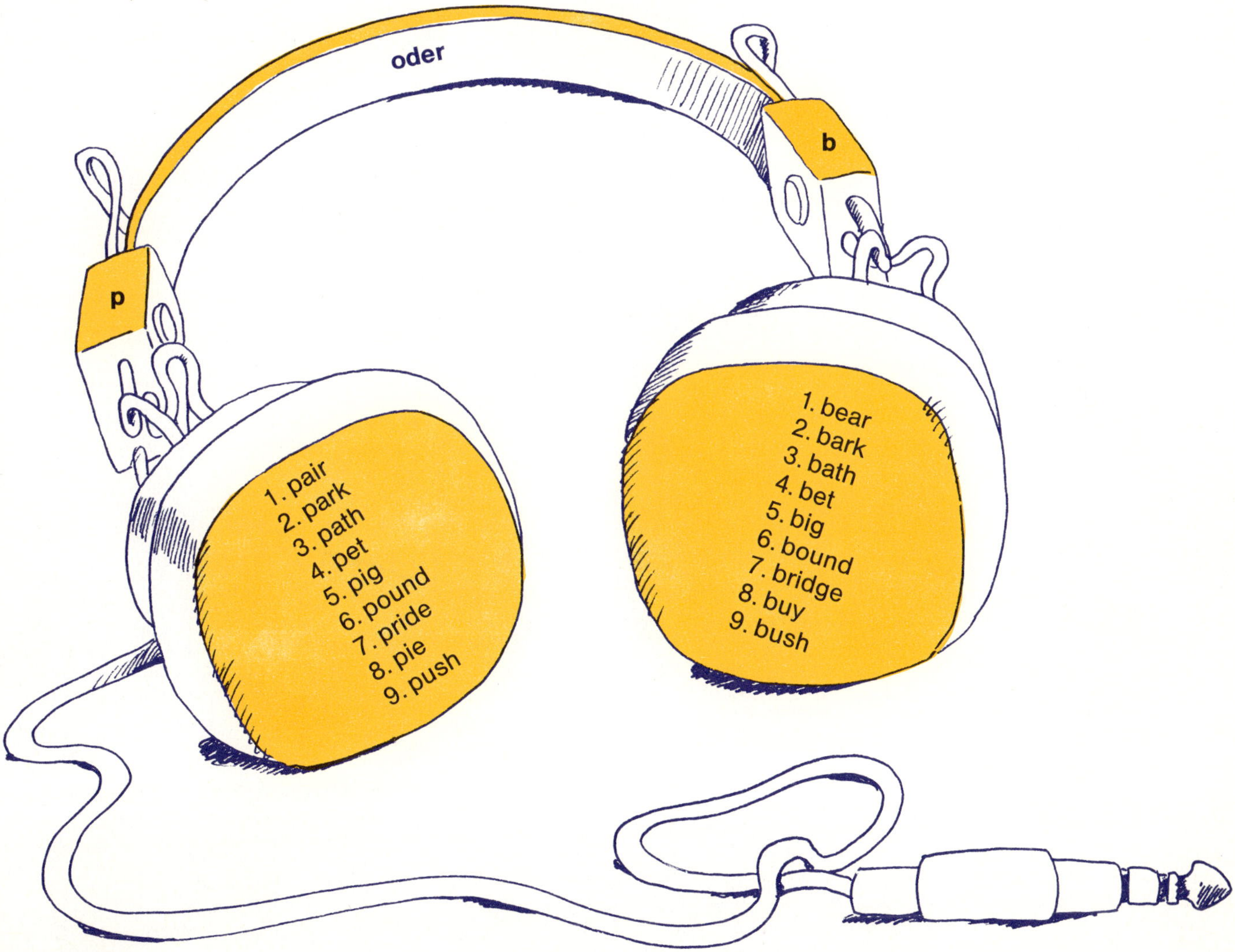

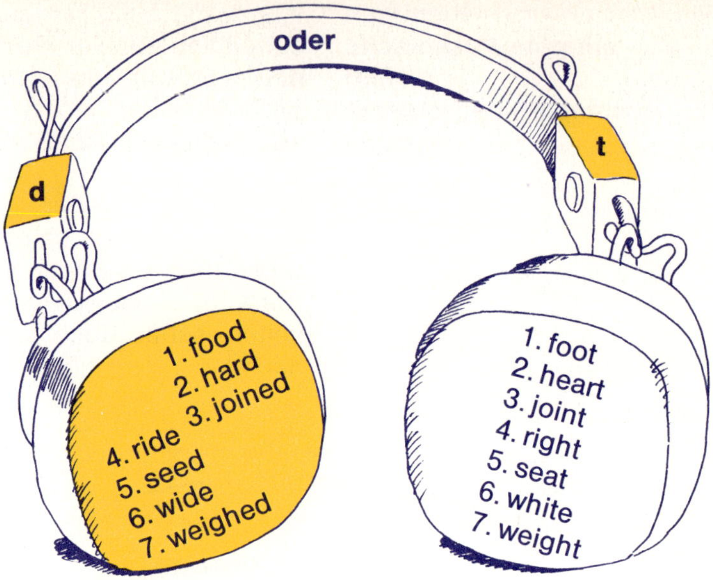

Beim Diktat machen oft einige wenige unregelmäßige Verben Schwierigkeiten, obwohl aus dem Sinnzusammenhang immer klar wird, welche Form verwendet werden muß:

build, built, built
send, sent, sent
spend, spent, spent

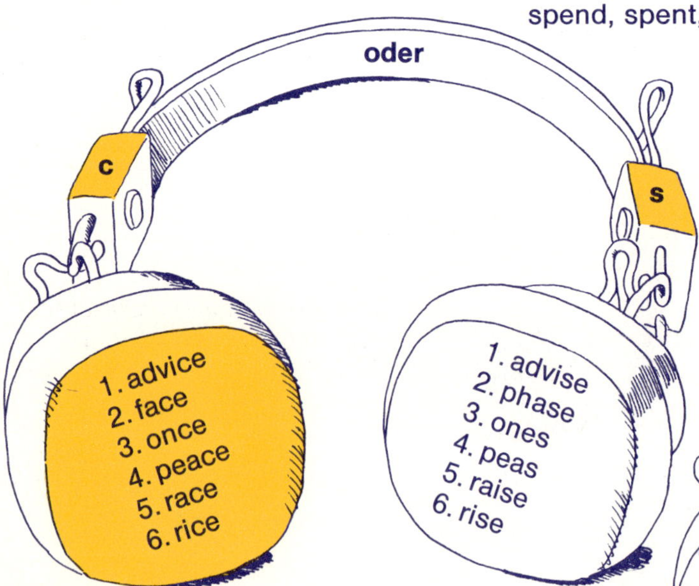

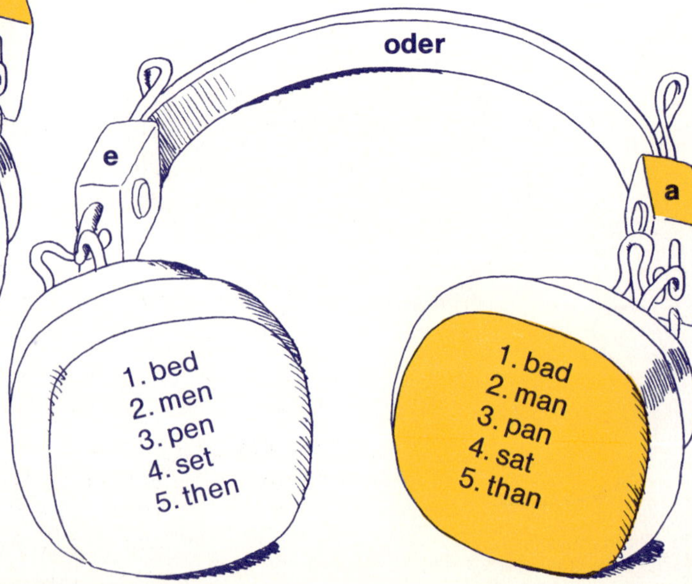

8

Das werden wir schon schaukeln – Partnerdiktate

Beas Freundin Sandra kommt schon um 14 Uhr. Sie hatten verabredet, ins Schwimmbad zu gehen. Das öffnet aber erst um 16 Uhr.

Mini-Diktat als Wettbewerb

Warum nicht mal ein Mini-Diktat als Lückenbüßer, ein kleiner Rechtschreibe-Wettbewerb? Was auf den ersten Blick vielleicht seltsam klingt, kann richtig Spaß machen: "Wetten, daß ich heute höchstens einen Fehler mache?" Es ist eure Sache, ob der Sieger eine Stunde lang das neue Fahrrad des anderen benutzen darf, oder der Verlierer ihm das Fahrrad putzt.

Selbst mal Lehrer spielen

Auch Sandra war beim ersten Mal total verblüfft, als Bea ihr den Vorschlag machte, sich gegenseitig vier Sätze zu diktieren. "Wenn's nicht mehr ist . . .", war Sandras Antwort damals. Inzwischen macht es ihr sogar Spaß, abwechselnd Lehrer und Schüler zu spielen.

Je nach Zeit und Lust kannst du aus den Partnerdiktaten auf den folgenden Seiten auswählen. Auch drei Sätze, in fünf Minuten niedergeschrieben, sind ein nützlicher Schritt im Rechtschreibtraining.

Wer diktiert, soll folgendes beachten:

Vokabeln aufschreiben

Zuerst schreibst du die Vokabeln, die bei den meisten Diktaten im Kästchen unter der Überschrift stehen, auf einen Zettel. Diesen gibst du dem Schüler zum Lernen. In dieser Zeit liest du den ganzen Text still für dich.

Dann liest du ihn am Stück vor, weil vieles erst im Textzusammenhang eindeutig klar wird.

Sprechpausen beachten

Jetzt liest du den ganzen Satz vor, und anschließend diktierst du von Strich (/) zu Strich, was dein Schüler aufzuschreiben hat. Einen Schrägstrich findest du dort, wo du beim Vorlesen kurz anhalten mußt, damit der Sinn des Satzes besser erfaßt werden kann. Ebenso wie beim / machst du auch eine Diktierpause bei Komma (comma), Punkt (full stop), Ausrufezeichen (exclamation mark) und Fragezeichen (question mark).

Was Hänschen nicht lernt,
lernt Hans nimmermehr

You can't teach an old dog new tricks

Anführungszeichen zur wörtlichen Rede heißen übrigens 'quotation marks'. Sie stehen im Englischen immer oben "...".

Kontrollesen

Zum Abschluß gibst du etwas Zeit zum Kontrollesen und liest dann das Diktat in normalem Lesetempo noch einmal vor.

Gemeinsam Fehler suchen

Danach geht ihr gemeinsam auf Fehlersuche. Und streitet bitte nicht, wenn jemand ein Wort falsch vorgelesen hat: Nobody is perfect, und Verbissenheit schadet nur. Ein Blick ins Wörterbuch hilft Ausspracheprobleme klären.

Wer hat die Wette gewonnen?

Je nach Lust und Laune kannst du eines der folgenden Diktate auswählen. (Ein kleiner Gag am Rande: Am Bandmaß kannst du die Länge des Diktats auf einen Blick erkennen ...)

1. Making Fifty Arabs Run

Arab = der Araber, die Araberin

A gentleman / who had travelled in Africa / once told his friends / that he and his wife / had made / fifty Arabs run. Everybody at once asked / how they had done it. "Oh," said the traveller, "it was nothing very wonderful. We ran, and they ran after us."

2. Sun And Moon

Two Englishmen / were talking one day / about the sun and the moon. They had a quarrel / about which of the two / was more useful. At last one of them said: "Oh, I know. The moon is quite worth / two suns / because it shines at night / when it is needed, but the sun / shines in the daytime, when nobody wants it."

3. Mathematics And Life

The teacher asked Jack: "If I give you five rabbits / and your uncle / gives you two, how many / will you then have?"
Jack immediately answered: "Eight, sir."
The teacher was surprised: "Eight? Think again!"
Then Jack explained: "Yes, Sir, eight. I have already got one / at home."

4. The Best Time For Apples

One day / in a country school / the schoolmaster said to the boys: "There are four seasons / in a year: spring, summer, autumn, and winter. In spring / there are many flowers, in summer / it is very hot, in autumn / there are all kinds of fruit, in winter / it is very cold / and there is snow. Now, Charles, you were not listening. Stand up / and tell me the best times / to get apples." – "It is / when the farmer / is not at home / and there is no dog / in the garden."

5. Clever Rabbits

common sense	= gesunder Menschenverstand
frighten	= erschrecken

A group of pupils / were going out / one day during the holidays / to catch rabbits. Among them was one / who had no common sense. So the others asked him / not to talk / because they feared / he would frighten the rabbits. But as soon as he saw / a number of rabbits / he called out / three words in Latin / which mean in English: "Look, many rabbits." Of course the rabbits / ran off to their holes, and the sportsmen / were deeply disappointed. They were very angry / at their noisy friend, but he answered: "Who on earth / would have thought / that rabbits / could understand Latin?"

Find The Heavier Ball

Here you find nine balls of the same shape and size, but one of them is heavier than the others.

Try to find out the heavier ball using the scales below **only twice.**

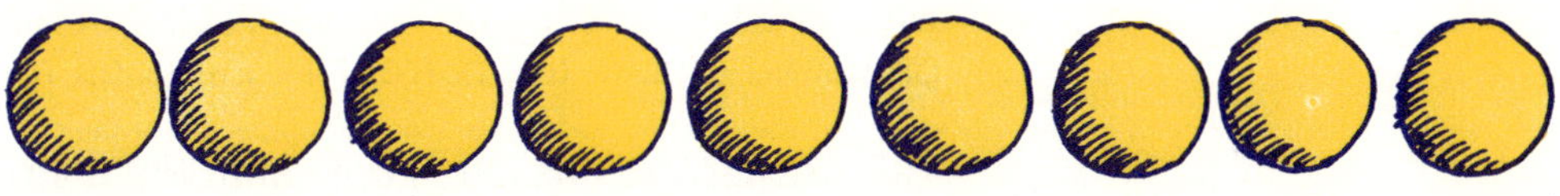

Lösung:

Du mußt zunächst auf jede Waagschale 3 Kugeln legen. Bleibt die Waage im Gleichgewicht, muß die schwerere Kugel unter den restlichen dreien sein. Sinkt eine Schale, ist die schwerere Kugel auf der entsprechenden Schale. Beim zweiten Wiegen mußt du von den 3 Kugeln, unter denen auch die schwerere ist, 2 wegnehmen und auf jede Waagschale eine legen. Wenn nun die Waage im Gleichgewicht bleibt, ist die 3. Kugel die schwerere, sinkt aber die Schale, so liegt auf dieser die schwerere Kugel.

6. How To Choose Chicken

tough = zäh
boarding-school = Internat

The headmaster / of a large boarding-school / once was very content / with his pupils. So he decided / to give them an extra meal. They were all / fond of chicken, but he did not often / give them that, because good chickens were expensive / and difficult to get. Then, however, the headmaster / had made up his mind / to give them / a good portion of chicken. So he went to a shop, where there were / twelve chickens, and said to the shopkeeper: "I want you / to pick me out / the six toughest / of these chickens." The man replied: "That's an unusual demand, sir." – „That may be, but anything / is good enough / for bad boys," said the master. So the shopkeeper / went to work, and very carefully / chose out the toughest / of the chikkens. "Thank you," said the master, "today I want to prepare a meal / for good boys, so I will take / the other six, please."

7. The Parrot

tough = zäh

While his ship / was lying / in the harbour of an island / near the African coast / a sailor / walked about the busy market / of the town. He came to a black woman / who sold parrots. The sailor / liked the colourful feathers / very much. So he decided / to buy a parrot / and to send it / to his mother in England. Another sailor / whose ship was going to England soon / and who lived in the same village / as our sailor's mother / promised to take the parrot / to the good man's mother.

Two or three months later / our sailor was at home again / in his mother's house. He looked for the parrot, but it was / nowhere to be seen. "Oh, my boy," his mother said / when he at last asked her / after that expensive bird. "Don't ever send us / such a bird again. Certainly it looked very beautiful / in the rich colours / of its feathers. But we can buy chickens / at a rather low price / and you may be sure / that they are better. You cannot imagine / how tough that bird of yours was."

Verlier nicht den Boden unter den Füßen

Don't lose the ground under your feet

8. Parking

A man entered a shop / the windows of which / showed the latest models of cars. He went up / to an assistant / and asked him / for the price of the biggest car / in the shop. The assistant / told the man the price / which was extremely high. Without further questions / the man said: "Okay, I'll take that car." He took some bank-notes / out of his pocket / and threw them on the counter. The owner of the shop joined them and wanted / to speak to the strange customer / about modern cars. But the man would not listen. He took the change / the assistant gave him / and put it into his pocket / most carelessly. Then he stood still / and looked at his new car. "Would you like / to take your new car with you now?" the owner of the shop asked. The man answered: "No, I better leave it / where it is. I can never find a parking-place / anywhere in town."

9. The Dog And The Pig

A dog and a pig / were once together / on board ship. They soon became very good friends / and even used to eat / out of the same dish. But there was one thing / that sometimes stopped their friendship / for a short time. The dog had a very small / but comfortable room / to sleep in, while the pig / had to spend the night / on the cold deck. So the pig / tried to get into that room / just after sunset. If he got in / before the dog, he could not be turned out. But if the dog / got in first, the pig / had to spend the night on deck / as before.

One night / when the weather / was very cold and wet, the pig thought / it would be better / to go to the dog's place / at once. He found, however, that the dog / had had the same idea: He was already fast asleep / in his room. So the pig / made a plan. He took the dish / out of which / they ate their meals, and placed it near the room. He then / turned his back to the dog / and made a noise / as if he was eating. This woke the dog up. He listened for a minute or two, and then, as he felt hungry, came out / and wanted to have supper, too. The pig / at once hurried into the room and left his friend outside / with the empty dish.

10. The Dog And The Reflection In The Water

reflection	= Spiegelbild
snap	= schnappen

A dog / once stole a piece of meat / out of a butcher's shop / and ran off with it. On his way home / he had to cross / a narrow bridge / over a river. As he was crossing, he looked down / and saw the reflection of himself / in the water. He thought / it was another dog / with another piece of meat, and he made up his mind / to get that piece, too. So he snapped at the reflection, and in doing so / dropped his piece of meat / into the water, and lost it.

56 **fifty-six**
56th fifty-sixth

9 Häkchen mit Pfiff

Wer? **Monica** has just had her sixteenth birthday.
Now **Monica** may drive a motorbike.

Wessen? **Monica's** motorbike runs fast.

Wer? Three little **boys** are playing on the beach.

Wessen? The **boys'** trousers are alle wet.

Kannst du nun schon selbst beantworten, wann unser Häkchen, auch 'Apostroph' genannt, seine Stellung

so 'S oder so S' hat?

Pfiffige Verse für alle Fälle Merke dir die folgenden Reime, und du wirst in Zukunft keine Probleme mehr mit dem Häkchen haben:

1. Gehört etwas einem nur allein,
muß **vor** dem s das Häkchen sein.
(Monica's motorbike)

2. Gehört etwas zu zweien, dreien, vieren,
muß Häkchen das s von **hinten** zieren.
(the boys' trousers)

3. Bei Namen, die auf s schon enden,
kannst du Regel 1 verwenden.
(James's pen)

4. Wenn einer mal **zum** Doktor geht,
Englisch **to the doctor's** steht.

Übungen zum Abhaken

Die folgenden Sätze solltest du dir möglichst diktieren lassen. Falls kein Diktatpartner da ist, kannst du die Sätze auch sorgfältig für dich allein durchgehen, solltest dann aber bei jeder Form die Stellung des Apostrophs begründen können. In Zweifelsfällen ziehe die Merksätze zu Rate.

---

1. Those are Mother's books.
2. Bill's friends are young.
3. My parents' car was expensive.
4. Look at the girls. The girls' socks are dirty.
5. There are 22 pupils in my class. All the pupils' caps are green.
6. The girls are playing bankrobber.
7. Charles's recorder is new.

---

8. Mark Twain's books are funny.
9. Thomas owns many books. Thomas's books are shocking.
10. There is a dead mouse in Aunt Emily's living-room.
11. The teacher's face shows anger.
12. There are 45 teachers at our school. The teachers' parking place is too small.
13. James has many friends. James's friends like pudding.
14. Many pupils were late yesterday morning.

---

15. Bill ate too much chocolate at Robert's birthday party.
16. There are many farmers. All the farmers' cows produce much milk.
17. I didn't listen to my brother's words.
18. The teachers heard some children's voices.
19. Four boys are playing football.
20. My marks in mathematics are good.
21. Have you seen Peter's and Mary's new bicycles?

There is the rub!

Da sitzt der Haken!

60 **sixty**
60th sixtieth

10

Ernstzunehmendes Fliegengewicht: Die Großschreibung

Während das komplizierte System von Groß- und Kleinschreibung der deutschen Sprache nicht nur bei Ausländern helles Entsetzen auslöst, ist es damit im Englischen unvergleichlich einfacher. Trotzdem, auch ein Fliegengewicht kann zuschlagen, und dann tut's weh in der Klassenarbeitsnote.

Namen, Tage, Monate

Länder, Leute, Sprachen

Daß du Eigennamen, Wochentage und Monatsnamen mit großem Anfangsbuchstaben schreiben mußt, beachtest du hoffentlich schon längst. Gleiches gilt für die Namen von Ländern wie 'Germany', 'Italy', 'France'. Achtest du aber auch darauf, daß die davon abgeleiteten Adjektive im Gegensatz zum Deutschen großgeschrieben werden?

Die **d**eutsche Sprache ist schwierig. – The **G**erman language is difficult.

Bill hat ein **f**ranzösisches Fahrrad. – Bill has a **F**rench bicycle.

Fehler treten immer wieder auch bei der Schreibung von Überschriften auf. Viele Lehrer richten sich da noch nach dieser Regel:

Alle Wörter am Anfang großschreiben mit Ausnahme von Artikel (the, a), Präposition (in, at, by, against . . .) sowie Konjunktion (and, but, or . . .).

Nach dieser Regel sehen Überschriften (zum Beispiel von Diktaten) so aus: Three Men in a Boat
Stories about Mice

Wer aber seine Gehirnzellen für anderes freihalten will, macht's mit einem kleinen Trick:

In Überschriften alles groß schreiben

Einfach die Anfangsbuchstaben **aller** Wörter in der Überschrift groß schreiben. Also:

'Three Men In A Boat'
'Stories About Mice'
'Student Killed By Teacher'
'Kissing In The Fridge'

Fliegengewicht k.o.!

Bananas Or Oranges?

There are 3 boxes, each with a label giving the name of some fruit:

By mistake, however, each of the labels has been exchanged; so none of the labels is correct. You can be sure: When you see 'bananas' on the box that there are no bananas or not only bananas in it.

You are allowed to take **one** fruit out of **one** box only. Have a look at the fruit and then fix the labels on the boxes so that everyone knows what each box really contains.

Before giving the answer, ask yourself: "Out of which box must I take a piece of fruit to get all the information I need to solve the problem?"

And now, good luck!

Lösung:

Auf jeden Fall mußt du in die Kiste, die angeblich 'Orangen und Bananen gemischt' enthält, greifen. Wenn Du hier eine Banane erwischst, gehört auf die Kiste das Bananenetikett.
Somit muß auf der angeblichen Bananenkiste Orangen stehen, und in der Orangenkiste müssen 'Bananen und Orangen gemischt' sein. Prüf's nach!

11 Klassenarbeit Diktat: So kommst du durch

Alle Ohren gespitzt: Einer liest vor, die anderen hören zu. Einer liest vor, die anderen schreiben. Ein Diktat kann eine gemütliche Sache sein – für den, der fit ist. Diktate fallen in der Regel besser aus als alle anderen Arten von Klassenarbeiten. **Die** Chance also für alle, die etwas herausholen wollen für ihre Englischnote!

Die Chance für deine Englischnote

Fehlerschwerpunkte durchgehen

Ein paar Tage vor der Klassenarbeit gehst du am besten hier im Buch die einzelnen Fehlerschwerpunkte durch. Damit hast du dann immerhin alle grundsätzlichen und besonders häufigen Fehlerquellen ausgeschaltet. Weil viele Lehrer mit einem Diktat eine Wiederholung der Vokabeln der letzten Schulbuchlektion verbinden, solltest du diese noch einmal bearbeiten. Sicherheit gibt natürlich auch ein Partnerdiktat und nicht zuletzt ein prüfender Blick auf die Berichtigung des letzten Diktats.

Auf Textzusammenhang achten

Und wenn's dann richtig losgeht im Klassenraum: Zuerst nur den Sinn des Vorgelesenen zu verstehen suchen. Laß dich nie durch einzelne Wörter, die du beim ersten Vorlesen noch nicht verstehst, verwirren.

Wichtig ist erst einmal nur der Gesamtzusammenhang. Du wirst sehen: Beim Satz-für-Satz-Diktieren wirst du manchen "Aha, ich weiß"-Effekt erleben.

Spicken kostet zuviel Zeit

Manch ein Schüler freut sich riesig über das Wort, das er während des Diktierens beim Nachbarn ausspähen konnte, merkt dann aber meist zu spät, daß ihn dieses Wort einen halben Satz gekostet hat. Spicken ist eben sehr zeitaufwendig, und der Lehrer diktiert zügig weiter.

Keine Lücken lassen

Wenn du einmal einen Ausdruck absolut nicht verstehst: Lücke lassen und markieren. Beim abschließenden Vorlesen heißt's dann an dieser Stelle gut aufpassen und flink die Lücke füllen. Eine Lücke solltest du im Diktat nie lassen. Was fehlt, ist immer mindestens 1 Fehler. Wenn du etwas hinschreibst, besteht immer noch eine Chance, daß es richtig ist.

Wenn du deinen Englischlehrer ärgern willst, dann schreibe bei Gelegenheit kräftig durch! Drei Buchstaben über- und durcheinander, das wirkt sehr großzügig: "Herr Lehrer, Sie haben die freie Auswahl."

Lesbar berichtigen

Da aber beim Diktat nur eindeutige Lösungen zählen, streichst du das falsche Wort am besten einmal klar durch und schreibst das Gewünschte lesbar darüber. Bedenke: Tintenkiller kosten viel mehr Zeit als Durchstreichen und Darüberschreiben.

Auf Nummer Sicher gehen

Ein Diktat fängt aber nicht erst in der Schule an. Auch Piloten müssen bereits vor dem Abflug hundertprozentig auf Nummer Sicher gehen. Nicht auszudenken, was passiert, wenn vergessen wird, den Tank zu füllen oder die Triebwerke zu reinigen. Flugzeugmechaniker und Piloten müssen daher vor dem Abflug eine Liste durchgehen, auf der sie einige hundert verschiedene Dinge überprüfen und abhaken müssen – die Checkliste.

Autos müssen spätestens alle zwei Jahre zum TÜV (Technischer Überwachungsverein). Auch dort wird der Reihe nach abgehakt: Bremsen in Ordnung? Licht okay? Reifenprofil ausreichend?

Deine Checkliste zum Überprüfen und Abhaken

Überall, wo es um Sicherheit geht, werden Kontroll- und Checklisten eingesetzt. Übernimm auch du vor einer Klassenarbeit dieses Prinzip einer Checkliste zum Überprüfen und Abhaken. Zum Glück geht es bei Klassenarbeiten ja nie um Leben und Tod. (Auch wenn manche Leute so tun . . .). Deshalb sind unsere Checklisten auch viel kürzer.

Sie sind in zwei Teile gegliedert:

Vorbereitung planen

Erstens findest du die Punkte, die du am Tag vor der Klassenarbeit erledigen solltest. Dabei ist schon etwas Planung nötig. Am besten verteilst du die Vorbereitung auf zwei oder drei Nachmittage.

Du gehst die Punkte in der angegebenen Reihenfolge durch. Was erledigt ist, hakst du in der vorgegebenen Box ab.

Kontrolliere dich selbst

Zweitens findest du alles, was du während der Klassenarbeit beachten solltest. Und weil du diese Punkte leider nicht in die Klassenarbeit mitnehmen darfst, mußt du sie im Kopf behalten. Dabei helfen dir die angebotenen Kontrollfragen.

Und damit bist du dann GARANTIERT OPTIMAL VORBEREITET!

Wie du sofort feststellen wirst: Alle Punkte sind genau auf deine Klassenarbeit ausgerichtet.

Give check to dictation

CHECKLISTE DIKTAT

I. Vor dem Tag der Klassenarbeit zu erledigen:

	Datum:	Datum:	Datum:	Datum:	Datum:
– Das Datum des Tages der Klassenarbeit aufschreiben und behalten	☐	☐	☐	☐	☐
– Großschreibung wiederholen	☐	☐	☐	☐	☐
– die **berichtigten** Fehler vom letzten Diktat (Klassenarbeit oder Übungsdiktat) noch einmal abschreiben	☐	☐	☐	☐	☐
– letztes Stück aus dem Lehrbuch gründlich lesen	☐	☐	☐	☐	☐
– Neue und schwierige Vokabeln des letzten Lehrbuchstücks abschreiben.	☐	☐	☐	☐	☐
– Ein Partnerdiktat machen (siehe Seiten 49 – 55)	☐	☐	☐	☐	☐
– Veränderungsregeln wiederholen (siehe Seiten 35 – 38)	☐	☐	☐	☐	☐

II. Punkte für den Hinterkopf:

1. Alle Wörter in der ÜBERSCHRIFT GROSS schreiben!

2. Beim ersten Vorlesen nichts schreiben, sondern auf den Sinn des Ganzen achten.

3. Richte deine Aufmerksamkeit nie auf einzelne Wörter, die du beim ersten Vorlesen vielleicht noch nicht verstehst.

4. Nie durchschreiben, sondern falsches Wort wegstreichen und das gewünschte Wort lesbar darüberschreiben.

5. Zeit der Endkontrolle voll ausnutzen!
   Fehlen Buchstaben oder Wörter?
   Kontrolliere dich beim abschließenden Vorlesen auf Unklarheiten oder Lücken.

6. Vor dem Abgeben sind alle Lücken gefüllt.
   Denn was fehlt, zählt immer als Fehler.

Denke daran: Du bist nun optimal auf das Diktat vorbereitet!

Während du die Punkte der Gruppe I jederzeit durchgehen und vor allem vor der Klassenarbeit abhaken kannst, gibt es diese Möglichkeit bei den "Punkten für den Hinterkopf" nicht. Deshalb überprüfe anhand der Kontrollfragen, ob wirklich alles sitzt. Kannst du alles richtig beantworten, bist du startklar.

III. Kontrollfragen

1. Wie schreibst du die Wörter in der Überschrift? GROSS
2. Worauf achtest du während des ersten Vorlesens? auf den Sinn des Ganzen
3. Auf welche Wörter brauchst du beim ersten Vorlesen nicht zu achten? einzelne, nicht verstandene Wörter
4. Wie berichtigst du ein Wort? wegstreichen und darüber neu schreiben
5. Wozu kannst du das abschließende Vorlesen besonders nutzen? Unklarheiten oder Lücken beseitigen
6. Warum solltest du nie eine Lücke lassen? Fehlendes zählt immer als Fehler

Summe der Punkte: ______

Vergleiche deine Ergebnisse mit der Checkliste. Für jede richtig beantwortete Frage bekommst du zwei Punkte.

Punktzahl 12 = Optimal vorbereitet!

Punktzahl 10 = Na, das wäre doch gelacht, wenn du den fehlenden Punkt nicht sofort klären könntest!

Punktzahl 8 oder weniger = Das Ganze noch einmal, bitte! Es lohnt sich wirklich!

Mit einem platten Reifen kommst du nicht weit
A flat tire won't bring you higher

Englischsprachige Sender: Frequenzen auf UKW

	Berlin	Bonn	Frankfurt	Hameln	Heidel-berg	Herford	Kaisers-lautern	Osna-brück	Pirma-sens	Ulm
AFN ▶	87,85	101,4	98,7		100,4		102,2		101,75	100,7
BFBS ▶	98,75	99,8		99,3		95,4		102,6		
BBC ▶	90,2									

5,975

▲

15,07 ◀ **BBC** auf **KW** ▶ 9,41

▼

12,095

DEINE FREQUENZEN

AFN: ____________________

BFBS: ____________________

BBC: ____________________

12 Neue Englischwelle – da funkt's

Hast du schon einmal einen englischsprachigen Sender eingestellt? Na und, wie war's? Doch etwas schwer zu verstehen? Natürlich – man muß sich erst allmählich einhören. Das funktioniert am besten, wenn du dich nicht darauf konzentrierst, alles verstehen zu wollen, sondern einfach versuchst, einige Stichworte aufzuschnappen. Bei Musik-, Sportsendungen und Wetterbericht klappt es schon nach ein paar Tagen, daß du den Inhalt der Ansagen verstehst. Bei den Nachrichten dauert's etwas länger, vor allem wenn dir der Informationshintergrund fehlt. (Den bekommst du, wenn du entsprechende Seiten in der Tageszeitung liest oder deutsche Nachrichten verfolgst).

Erst allmählich einhören

Informationshintergrund beschaffen

An Originalaussprache gewöhnen = besser verstehen

Ziemlich egal, was du hörst: So ganz nebenbei gewöhnst du dich an die Originalaussprache, und schon nach kurzer Zeit verstehst du sehr viel mehr. Wo du die Sender empfangen kannst, siehst du auf der abgebildeten Radioskala.

Der amerikanische Sender AFN (= **A**merican **F**orces **N**etwork) und der britische BFBS (**B**ritish **F**orces **B**roadcasting **S**ervice) sind je nach Ort auf verschiedenen UKW-Frequenzen zu empfangen. Beide senden ihr Programm für amerikanische oder britische Soldaten, die in Deutschland stationiert sind. AFN hat viele "rasende Reporter", die wie ein Feuerwerk loslegen, und das auch noch in einer Aussprache, die du von der Schule her bestimmt nicht kennst. Aber, wie gesagt, du mußt dich allmählich einhören.

Beide Sender haben ein abwechslungsreiches und aktuelles Musikprogramm.

Von der Aussprache am besten verständlich ist BBC London (**B**ritish **B**roadcasting **C**orporation). Dieser Sender hat auch das abwechslungsreichste und anspruchsvollste Programm. BBC ist überwiegend auf der Kurzwelle (KW) zu empfangen, in Berlin auch auf UKW.

Bleibt noch das Abendprogramm von Radio Luxemburg, das auf der Mittelwelle gut zu empfangen ist.

Sender suchen, Frequenz eintragen

Je nach Tageszeit und Ort sind die Sender auf den angegebenen Stationen unterschiedlich gut zu empfangen. Es heißt also ausprobieren. Und wenn du "deinen" Sender gefunden hast, kannst du die Frequenz gleich eintragen.

Are You Quick At Figures?

Though you may be quick at figures you first have to find out which numbers can replace the cups and glasses in the following problem.

Lösung:
Glas = zwei
Tasse = neun

13 Mit Schuß in die Steilkurven der Grammatik

Gram - ma - tik . . . Wem bleibt dieses Wort nicht wie eine Riesenkartoffel im Halse stecken? Keinem der Grundbausteine der Sprache (Vokabeln, Satzbau, Grammatik) treten Schüler mit so gemischten Gefühlen entgegen wie der Grammatik.

Grammatikprobleme gezielt angehen

Dem kann abgeholfen werden! Denn auch der Bereich 'Grammatik' läßt sich ohne Überanstrengung und Nachtarbeit in ziemlich kurzer Zeit gezielt bearbeiten.

In diesem Buch erfährst du, wie du die Hauptfehlerquellen der englischen Grammatik rasch in den Griff bekommst.

Eindeutige Regeln nutzen

Du wirst hier nicht mit zwölf Ausnahmen zu einer Regel gequält, sondern lernst erst einmal eindeutige Gebrauchsregeln kennen. Eine große Hilfe werden dir dabei die Merkverse sein, die das Wichtigste kurz und verständlich wiedergeben.

Übungen geben Sicherheit

Natürlich sind diese Kapitel auch mit Übungen gewürzt. Du willst ja schließlich selbst feststellen, was du gelernt hast. Und weil du dabei bestimmt gut abschneiden wirst, hast du nach den Übungen ein ganz neues Sicherheitsgefühl.

Und wenn es dir auch manchmal mulmig wird, bleibt eine rasante Fahrt auf der Achterbahn doch ein Erlebnis.

Was aber, wenn die nächste Klassenarbeit ansteht?

Auch für Tom gibt es kaum etwas Unangenehmeres als die Ankündigung einer Grammatikarbeit – da denkt er nur an Pauken . . .

Grammatikarbeit in Sicht?

Und tatsächlich – Pauken gehört dazu. Gerade wer im Englischen schwach steht, kann in einer Grammatikarbeit unheimlich viel herausholen: Der Lernstoff ist so begrenzt wie bei keiner anderen Klassenarbeit! Es gibt kein einzelnes Grammatikkapitel, auf das du dich nicht innerhalb von höchstens ein paar Stunden perfekt vorbereiten kannst. Diese Stunden haben Tom natürlich erst einmal geärgert, aber die Zensur brachte den Ausgleich: "Siehste, das lohnt den Aufwand. So mache ich's wieder."

In den meisten Fällen verbindet der Lehrer die Grammatikarbeit mit der letzten Lektion aus dem Schulbuch: Vokabeln, Text und Übungen zur letzten Lektion also gründlich wiederholen!

Laß dich nicht unterkriegen,
wenn du in die Grammatikkurven gehst
When taking the curves of grammar
bob up like a cork

Schwerpunkt herausfinden

Den Schwerpunkt der Grammatikarbeit gibt der Lehrer fast immer vorher bekannt. Wenn nicht, fragen kostet nichts. Schwerpunkt notieren und dann hinten in diesem Buch nachsehen. Im Stichwortregister findest du in alphabetischer Reihenfolge die Grammatikkapitel, bei denen der Fehlerteufel besonders oft zuschlägt. Du kannst dir auch rechtzeitig vor der Klassenarbeit Übungsvorschläge vom Lehrer machen lassen.

Aufgabenstellung genau beachten

Wenn es dann soweit ist, heißt's aufgepaßt: Wie lautet die Aufgabenstellung? Aufgaben in Ruhe bis zum Ende durchlesen, damit du weißt, worum es geht. So hast du einen ersten Überblick, wo es leichter geht, und wo die dicken Brocken sitzen. Auch für deine eigene Zeiteinteilung ist das sehr wichtig.

Bei der Lösung der Aufgaben arbeitest du bitte zügig. Wenn's irgendwo klemmt: Nicht zuviel Zeit auf ein Einzelproblem verwenden, sondern lieber erst mal weiterarbeiten. Die Zeit ist knapp. Was du vorläufig links liegenläßt, mußt du auffällig markieren. So übersiehst du diese Lücke hinterher nicht im Eifer des Gefechts.

Zum Schluß wie bei jeder Klassenarbeit: Gründliches Kontrolllesen!

CHECKLISTE GRAMMATIKARBEIT

I. Vor dem Tag der Grammatikarbeit zu erledigen:

	Datum:	Datum:	Datum:	Datum:	Datum:
– Lehrerhinweis notieren, welcher Grammatikbereich überwiegend drankommt.	☐	☐	☐	☐	☐
– Diesen Grammatikbereich im Stichwortregister suchen; zu bearbeitende Seiten notieren.	☐	☐	☐	☐	☐
– Seiten durcharbeiten.	☐	☐	☐	☐	☐
– Am Tag vor der Klassenarbeit Randnotizen wiederholen.	☐	☐	☐	☐	☐
– Vokabeln der beiden letzten Lektionen wiederholen.	☐	☐	☐	☐	☐
– Übungen der letzten Lektion wiederholen.	☐	☐	☐	☐	☐

II. Punkte für den Hinterkopf:

1. Aufgabenstellung genauestens beachten
2. Gesamte Aufgabe in Ruhe zu Ende durchlesen
3. Bei Schwierigkeiten Aufgabe offenlassen, Lücken deutlich markieren und erst einmal weitermachen
4. Nach dem Durcharbeiten markierte Lücken schließen
5. Kontrollesen am Schluß
6. Keine Lücken lassen (Fehlerbündel!)

III. Kontrollfragen zur Checkliste Grammatikarbeit:

1. Was beachtest du als erstes?
2. Wie verschaffst du dir den Überblick?
3. Wie verhältst du dich, wenn du mit einem Aufgabenteil nicht weiterkommst?
4. Was erledigst du nach dem ersten Durcharbeiten?
5. Was machst du am Schluß?
6. Warum läßt du keine Lücke?

Vergleiche nun deine Ergebnisse mit der Checkliste II.

Immer mit der Ruhe!

Take it easy

Eile mit Weile

Slow and steady wins the race

14 Ampel regelt Satzverkehr

Ein englischer Satz wird grundsätzlich nach dem Ampelprinzip gebaut. Denn wie bei der Ampel erst rot, dann gelb, dann grün kommt, steht im englischen Satz erst das Subjekt, dann das Prädikat, dann das Objekt.

Wer oder Was?

Wen oder Was?

S	P	O
Pete	rides	his bicycle
Pete	fährt	Fahrrad
Wer fährt Fahrrad? – Pete	**Was tut** Pete? – Er fährt	**Was** fährt Pete? – Fahrrad

So weit, so gut. Nun kannst du an mancher Kreuzung aber noch eine besondere Ampel für Bus und Straßenbahn entdecken. Grünes Licht gibt Autos freie Fahrt. Die Straßenbahn muß auf zwei weiße Punkte warten. Die Ampeln für Autos und Straßenbahn sind aufeinander abgestimmt.

Hat ein englischer Satz nun zwei Objekte, sind auch diese aufeinander abzustimmen.

S	P	O_1	O_2
Pete	gives	Mary	his bicycle.
Pete	gibt	Mary	sein Fahrrad.

Indirektes Objekt: Frage "Wem?"

Das erste Objekt ('Mary') ist das indirekte Objekt. Du fragst: WEM gibt Pete sein Fahrrad? – Antwort: Mary.
Um das indirekte Objekt herauszufinden, frage immer: WEM?

Das zweite Objekt ('sein Fahrrad') ist das direkte Objekt. Du fragst: WEN oder WAS gibt Pete Mary? – Antwort: sein Fahrrad.

Direktes Objekt: Frage "Wen?"

Mit der Frage 'Wen oder Was?' ermittelst du immer das direkte Objekt.

'to' hilft betonen

Willst du in dem Satz 'Pete gibt Mary sein Fahrrad' besonders betonen, daß er es Mary und nicht etwa seinem Vater gibt, schreibst du 'Mary' ans Ende des Satzes und setzt 'to' davor. So wird aus:

S	P	O_1	O_2
Pete	gives	Mary	his bicycle
Pete	gives	his bicycle	to Mary (and not to Daddy!)

'to' vor indirektem Objekt

Wenn ein Satz ein indirektes Objekt enthält, mußt du immer ein 'to' vor das indirekte Objekt setzen:

nach 'it' und 'them'...

nach 'it' und 'them'; Beispiele:
Pete gives it (his bicycle) to Mary
Pete gives them (the books) to Mary

Gleiches gilt bei einigen Verben wie

...und bestimmten Verben

announce, describe, deliver, explain, dictate, introduce, say, suggest, leave (in der Bedeutung 'überlassen'):

Mr. Traffic dictates a letter to his secretary.
The postman delivered a parcel to his girl-friend.

Faustregel: Betonterer . . .

Zum Schluß ist da noch eine Kleinigkeit im Satzverkehr zu beachten. Kommen mehrere Objekte vor, setzt du das besonders betonte ans Ende, wie du schon in dem Beispiel

'Pete gives his bicycle to Mary (and not to Daddy!)'

gesehen hast.

. . . oder längerer Ausdruck ans Ende

Willst du in einem Satz gar nichts besonders betonen, kommt einfach der längere Ausdruck ans Ende:

Pete gives Mary **a lot of interesting books.**
Pete sends stamps **to his English pen-friend James.**

Probefahrt im Satzverkehr

Übersetze die folgende Sätze, achte auf die richtige Stellung!

1. Der Lehrer erzählt mir eine sehr interessante Geschichte.
2. Ich erkläre ihm die Aufgabe.
3. Mary stellt Jane ihren Eltern vor.
4. Gib es mir!
5. Ian schlägt mir ein Spiel vor.

1. ____

2. ____

3. ____

4. ____

5. ____

Who Gets The Coconuts?

A ship got stranded. The crew managed to reach a lonely island. Soon the captain realized that there was almost nothing to eat but a coconut. So one of the sailors had to get some more coconuts for the others. But who was to do this?

The clever captain thought over finding a solution and finally suggested: "Let's stand in line, and the cook will count. Every seventh sailor counted will leave the line until only one of us is left. This sailor will have to get the coconuts."

Everyone agreed, and the captain quickly took the seventh position from the left. The cook, however, was cleverer than the captain and did not start counting at the beginning of the line, but somewhere in the middle of it. After the cook had finished his task the captain was very astonished because he was the one to get the coconuts.

Where did the cook start counting?

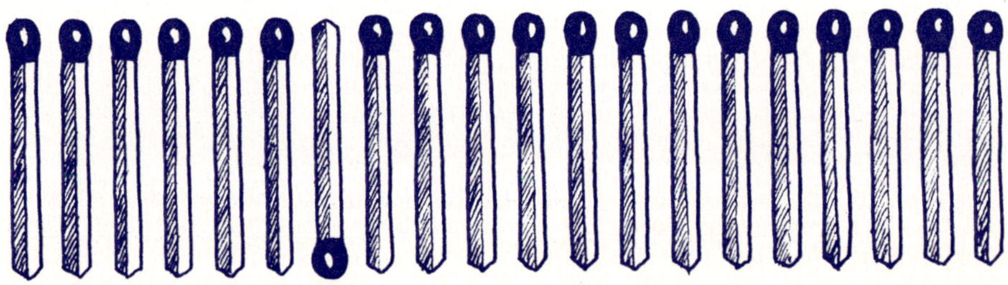

Lösung:

Der Koch begann beim fünften Seemann von links zu zählen.

15

-ly oder nicht -ly? Das ist hier die Frage

Adjektiv + ly = Adverb		
beautiful	→	beautifully
schön		schön

Diese Formel kennst du bestimmt. Die Bildung des Adverbs ist ziemlich unproblematisch. Anders sieht's mit der Anwendung aus: Wann verwendest du ein Adjektiv, wann das Adverb?

Ein Adjektiv drückt aus, **wie** jemand oder etwas **ist:**

Adjektiv ergänzt Substantiv

Archie has beautiful teeth. – Archie hat schöne Zähne.
His guitar is beautiful. – Seine Gitarre ist schön.

Um ein Adjektiv zu erkennen, mußt du immer fragen:

Wie ist jemand / etwas?

Adverb ergänzt Verb

Ein Adverb dagegen erklärt meist ein Verb näher (deshalb Ad-**verb).** Das Adverb drückt aus, **wie** etwas **getan wird:**

Archie sings beautifully. – Archie singt schön.

Um das Adverb, das ein Verb näher bestimmt, zu erkennen, frage immer:

Wie tut jemand etwas?

Die Art und Weise, wie Archie singt,
nur als Adverb richtig klingt.

be, remain, become, get: nur mit Adjektiv

Ausnahmsweise nun noch eine Ausnahme: Ganz gleich, wie du fragen kannst – immer mit einem Adjektiv verbunden werden die Verben

> be, remain, become und get (nur in der Bedeutung 'werden')

He was angry. He became angry. He got angry.

Also:

Werden, bleiben, sein
finden angrily nicht fein

Während im Deutschen Adjektiv und Adverb fast immer die gleiche Form haben, gibt es im Englischen nur ganz wenige solcher Wörter, zum Beispiel "fast" und "early". Achte deshalb beim Vokabellernen oder im Wörterbuch darauf, welche Wörter sowohl die Bezeichnung 'adj.' als auch 'adv.' tragen.

Wo steht ein Adverb-ly?

1. (slow) You are too ______________.
2. (successful) She passed the test ______________.
3. (heavy) The ship arrived in port ______________ damaged.
4. (secret) They disappeared ______________.
5. (immediate) The detective ______________ recognized the man.
6. (difficult) Exercise No. 220 is ______________.
7. (easy) The safe could ______________ be opened.
8. (glad) I ______________ accept your invitation.
9. (hopeful) She ______________ looked at Mother.
10. (slow) The train is ______________.
11. (quick) He ______________ ran away.
12. (quick) He answered the question ______________.
13. (quick) The ______________ detective arrived in time.
14. (excited) When his car had been stolen Fred got ______________.
15. (slow) Grandfather can only walk ______________.
16. (silent) The guards reported: Everything remained ______________ last night.
17. (bad) Mr. Dirty writes ______________.
18. (bad) "Don't be a ______________ boy."
19. (nervous) After two hours of waiting he got ______________.
20. (nervous) Billy ______________ opened his bag.
21. (happy) Little John ______________ thanked his sister for the present.
22. (happy) He had never before been so ______________.
23. (angry) The teacher became ______________ when I was late.
24. (angry) She told me ______________: "Don't be late."
25. (silent) He remained ______________ when he heard a knock on the door.

Geht dir ein Licht auf?
Are you seeing daylight?

16

Vorhang auf – Bühne frei für Präpositionen

Drunter und drüber geht's bekanntlich beim Umzug, beim Einkaufen samstags um 12 Uhr, manchmal auf Parties, meistens vor dem Aufbruch in den Urlaub, fast immer leider auch bei der Verwendung englischer Präpositionen: in, on, under, up, onto – welche paßt wo?

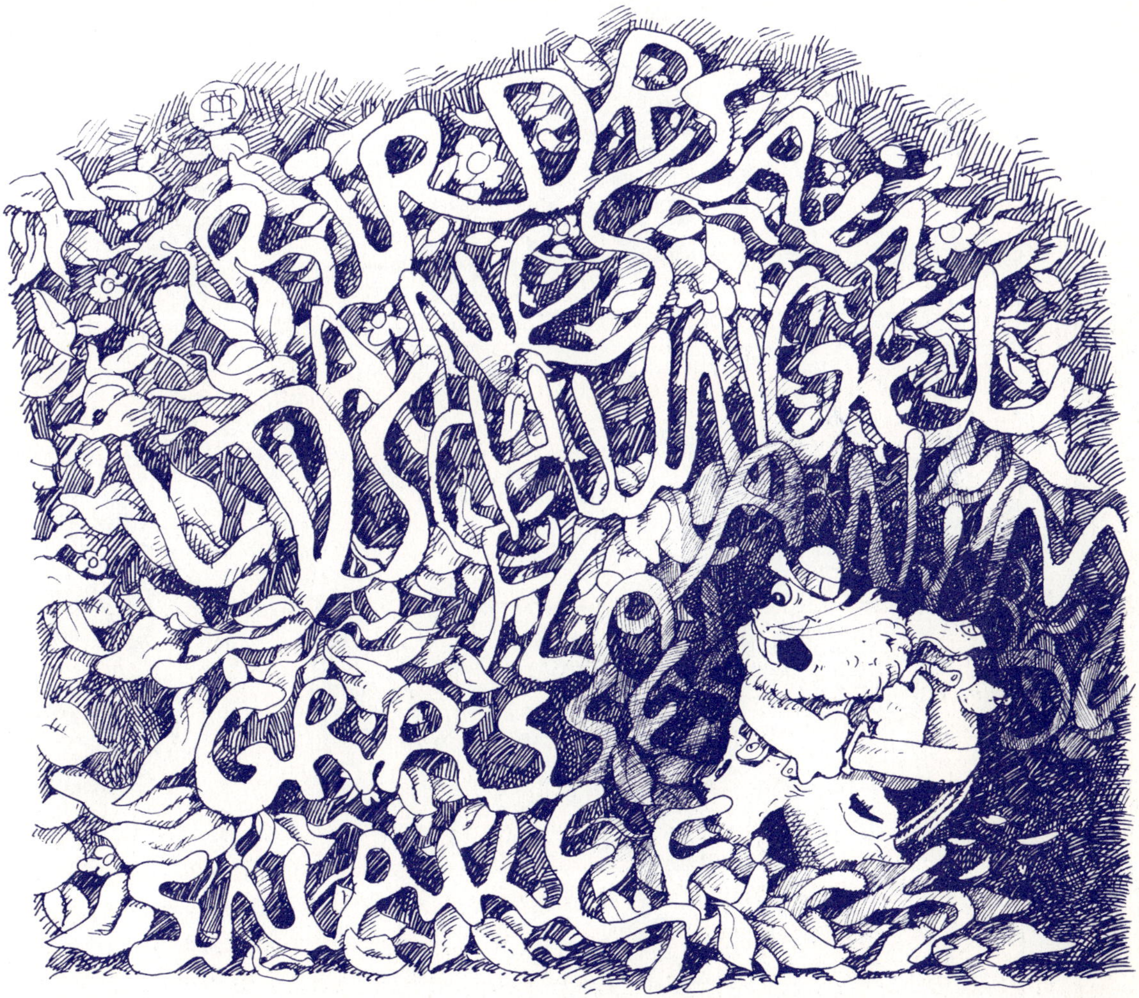

Wir haben für dich auf der nächsten Doppelseite alle besonders häufigen Präpositionen in Szene gesetzt. Sieh dir diese Seite etwa fünf Minuten lang gründlich an. Sicherlich kannst du die meisten Präpositionen richtig aufsagen. Wenn du mal ins Stottern kommst, hilft dir der Souffleur mit seinem Spiegel.

EXIT
KITCHEN
above
over
after
up
against
to
behind
towards

round
onto
round
on
under
along
past

EXIT
KITCHEN
over
between
into
by
near
among
across

EXIT
beside
out of
at
opposite
through
in front of
before
outside
down

Wie vielseitig die Wörtchen in, on, at bei Zeitbestimmungen verwendbar sind, siehst du in dieser Sammlung. (Leider sind in, on, at nie austauschbar.) Wie fast immer bei den verflixten Präpositionen mußt du dir genau einprägen, in welcher Kombination welche Präposition steht.

IN

August
1982
summer
the morning
the afternoon
time = rechtzeitig
the beginning = at first
the end = at last

AT

six o'clock
noon
night
midnight
Christmas = zu Weihnachten
Easter = zu Ostern
the beginning of (the book)
the end of (the book)

ON

Monday
25th July
Christmas Day
the morning/afternoon of 1st February
time = planmäßig

Übersetze bitte:

1. Ich stehe jeden Tag um 8 Uhr morgens auf.
2. Jenny liest gern nachmittags, manchmal liest sie sogar nachts.
3. Am 15. Mai habe ich Geburtstag.
4. Peter hat den Zug rechtzeitig erreicht.
5. Am Anfang meines neuen Buches ist eine langweilige Stelle, dann wird es aber interessanter.

Lösungen:
1. Every day I get up at eight o'clock in the morning. – 2. Jenny likes to read in the afternoon, sometimes she even reads at night. – 3. My birthday is on 15th May. – 4. Peter reached the train in time. – 5. There is a boring part at the beginning of my new book, but it becomes more interesting later on.

17

Blick hinter die Kulissen – Wendungen mit Präpositionen

Nachdem du die Präpositionen noch einmal übersichtlich und im Bildzusammenhang kennengelernt hast, sollst du jetzt einen Blick hinter die Kulissen werfen. Die Präpositionen haben nämlich einmal eine Grundbedeutung, die du im Laufe der Zeit ziemlich gut beherrschst, einfach weil sie dir so oft unter die Augen kommen.

Feste Wendungen lernen

Darüber hinaus aber treten diese so schlicht und einfach aussehenden Wörtchen in gar nicht so wenigen feststehenden Ausdrücken auf. Die deutsche Präposition ist dabei fast immer eine ganz andere:
"Gut sein **in** Mathematik" heißt "to be good **at** mathematics; "sich **um** einen Job bewerben" muß lauten "to apply **for** a job"; "Angst haben **vor**" schließlich heißt immer "to be afraid **of**".

Nie vom Deutschen ausgehen

Wie du sicherlich gemerkt hast, ist ein System bei diesem Gebrauch nicht erkennbar. Wenn du dem Fehlerteufel ein Schnippchen schlagen willst, bleibt's dir leider nicht erspart, solche Wendungen mit Präposition auswendigzulernen. Wenn du dabei Lernkartei, Lernplakat oder das Mühlespiel als Trainingshilfe einsetzt, klappt's bestimmt! (Vgl. Seite 105 ff.) Die häufigsten dieser Wendungen findest du hier zusammengestellt. Vergleiche dabei die englische mit der deutschen Präposition. Sofort wirst du feststellen, daß du dich nie vom Deutschen beeinflussen lassen darfst, wenn du Ausdrücke mit Präposition gebrauchst. Hier hilft nur Pauken. Wenn du dir täglich einen Block vornimmst, bist du in wenigen Tagen durch.

OF

to be afraid of	Angst haben vor
to be ashamed of s.th.	sich einer Sache schämen
to take care of	sorgen für, achtgeben auf
to consist of	bestehen aus
to die of	sterben an
to make fun of	sich lustig machen über
to remind of	erinnern an
to smell of	riechen nach
to be tired of	einer Sache überdrüssig sein
to be fond of	(sehr) gern haben
independent of	unabhängig von
proud of	stolz auf

TO

to get accustomed to	sich gewöhnen an
to pay attention to	achten auf
to object to	Einspruch erheben gegen
to react to	reagieren auf
to refer to	sich beziehen auf
to speak to	sprechen mit
to be used to	gewöhnt sein an
contrary to	entgegen
cruel to	grausam gegen
satisfactory to	zufriedenstellend für
next to me	neben mir

WITH

to be angry with s.o.	auf jdn. böse sein
aber: at s.th.	auf etw. böse sein
to deal with	handeln von, zu tun haben mit
to fall in love with	sich verlieben in
to live with s.o.	leben bei jmdm. (ständig!)
aber: to live on	leben von
pale with	bleich vor

IN

to believe in	glauben an
to have confidence in s.o.	zu jmdm. Vertrauen haben
to be interested in	sich interessieren für
to succeed in	gelingen, Erfolg haben bei
to take part in	teilnehmen an
in my opinion	meiner Meinung nach

ON

to decide on	entscheiden über, sich entschließen zu
to depend on	abhängen von
to go on foot	zu Fuß gehen
on that condition	unter dieser Bedingung
on vacation	in Urlaub
on the radio	im Radio
on the whole	im großen und ganzen
to insist on	bestehen auf

AT	to laugh at	lachen über
	to smile at	lächeln über
	to wonder at	sich wundern über
	at all events	auf alle Fälle
	at half the price	zum halben Preis
	at home	zu Hause
	at any rate	auf jeden Fall
	at the top of	oben auf

FOR	to wait for	warten auf
	ready for	bereit zu
	for sale	zu verkaufen

BY	to go by bus/car/train	mit dem Bus/Auto/Zug fahren
	aber: to go on foot	zu Fuß gehen
	by chance	zufällig
	by no means	auf keinen Fall

Achtung: Oft verändern Präpositionen die Grundbedeutung eines Verbs völlig:

!	to look after	aufpassen, sorgen für
	to look for	suchen
	to look at	ansehen
	to look forward to	sich freuen auf

Bei der Theateraufführung fehlen Präpositionen.
Flüstere sie den Schauspielern zu:

1. A foreigner must get used ______ his new life in Germany.
2. Many pupils are interested ______ biology.
3. He lives independent ______ his parents' money.
4. You must decide that ______ your own.
5. I live at home ______ my parents.
6. ______ the whole I'm very glad to live in Munich.
7. Peter, would you please pay attention ______ what I'm saying!
8. What are you laughing ______?
9. Today I'll go to school ______ foot, but yesterday I went to school ______ bus.
10. I don't believe ______ ghosts.

Aber auch auf den Beleuchter kommt es an. Er hat alle Hände voll zu tun, um die Präpositionen ins Rampenlicht zu stellen. Beobachte ihn bei seiner Arbeit:

1. cruel	of
2. to laugh	to
3. to consist	with
4. to believe	in
5. proud	on
6. to look	at
7. to take part	for
8. to live	after
9. to deal	
10. to depend	
11. independent	

Damit du dich auch garantiert nicht vor den Zuschauern blamierst, übersetze bitte:

1. zu Fuß gehen ______ to go on foot
2. im großen und ganzen ______ on the whole
3. suchen (mit 'look') ______ to look for
4. bei jemandem leben ______ to live with
5. stolz auf ______ proud of
6. sterben an ______ to die of
7. zu verkaufen ______ for sale
8. lachen über ______ to laugh at
9. meiner Meinung nach ______ in my opinion

Sei auf Draht!

Be on the ball

RESERVEBANK

18

Ersatzmann gesucht – Pronomen gefunden

Nicht nur beim Fußball sitzen Ersatzmänner auf der Reservebank und hoffen, daß sie richtig eingesetzt werden. Auch in der Sprache springt öfter für ein Wort ein Fürwort (Pronomen) ein. Die Mannschaftsaufstellung der Pronomen:

Personalpronomen im Nominativ:		Possesivpronomen		Personalpronomen im Dativ/Akkusativ:	
Frage: WER?		**Frage: WESSEN?**		**Frage: WEM/WEN?**	
I	ich	my	mein	me	mir/mich
you	du	your	dein	you	dir/dich
he	er	his	sein	him	ihm/ihn
she	sie	her	ihr	her	ihr/sie
it	es	its	sein	it	ihm/es
we	wir	our	unser	us	uns
you	ihr	your	euer	you	euch
they	sie	their	ihr	them	ihnen/sie

Verwechslungsgefahr:

its mit it's = it is
their mit there = dort
our mit hour = Stunde

24 Ersatzmänner stehen bereit, setze die richtigen ein!

1. Wir konnten es nicht glauben. We could not believe it.
2. Gib mir bitte den Zucker. Give me the sugar, please.
3. Unser Lehrer ist oft wütend. Our teacher is often angry.
4. Seid ihr fertig? Are you ready?
5. Deine Mütze sieht komisch aus. Your cap looks funny.
6. Sie ist ziemlich neugierig. She is rather curious.
7. Viele Touristen besuchen London und seine Parks. Many tourists visit London and its parks.
8. Wird er uns sein Auto leihen? Will he lend us his car?

Hast du dich als Trainer bewährt?

Wo im Deutschen der bestimmte Artikel steht, muß im Englischen in einigen Fällen das Possessivpronomen verwendet werden:

Körperteile	Er brach sich **das** Bein	= He broke **his** leg.
Kleidung	Fred zog **die** Jacke aus	= Fred took off **his** jacket.
life	Opa kam 1925 um**s** Leben	= Grandpa lost **his** life in 1925.
mind	Er kann sich nicht entschließen	= He can't make up **his** mind

> Wenn Körperteile, Kleidung, life oder mind zum Subjekt gehören, muß immer das Possessivpronomen eingesetzt werden.

Zum Schluß noch ein lockeres Training:

1. Sheila verbrachte das Leben im Gefängnis.
   Sheila spent her life in prison.
2. Bill brach sich den Arm.
   Bill broke his arm.
3. Unser Englischlehrer verlor den Verstand.
   Our English teacher lost his mind.
4. Er steckte die Hände in die Tasche.
   He put his hands into his pockets.
5. Brian zog die Schuhe nicht aus.
   Brian didn't take off his shoes.
6. Ian hielt ein Baby in den Händen.
   Ian held a baby in his hands.
7. Leila hatte ihnen das Leben gerettet.
   Leila had saved their lives.
8. Ich habe nur Fußball im Sinn.
   I have only football on my mind.
9. Martin fühlt sich krank im Magen.
   Martin feels sick in his stomach.
10. Mutter schüttelte den Kopf.
    Mother shook her head.
11. Karin hat viel im Leben gesehen.
    Karin has seen a lot in her life.
12. Sie konnten sich nicht entschließen.
    They couldn't make up their minds.
13. Er wäscht sich nie den Hals.
    He never washes his neck.

Pack's an im rechten Augenblick

Tackle it in time

Innocent Or Guilty?

A valuable picture had been stolen from a museum. The criminal or the criminals took it away in a car. The three well-known criminals Arthur Lee, Eddy Stark and Billy Boston were brought to the police-station for questioning. The following facts were found out:

1. No one other than Arthur Lee, Eddy Stark, Billy Boston was involved in the robbery.
2. Billy Boston never pulls a job without using Arthur Lee (and possibly others) as an accomplice (Komplize).
3. Eddy Stark does not know how to drive a car.

Is Arthur Lee innocent or guilty?

Lösung: Ist Eddy Stark unschuldig, sind Arthur Lee und\oder Billy Boston schuldig.(1.). Ist Eddy Stark schuldig muß er einen oder mehrere Komplizen gehabt haben (2.), deshalb sind Arthur Lee und\oder Billy Boston wieder schuldig. Ist Billy Boston unschuldig, muß Arthur Lee schuldig sein. Ist Billy Boston aber schuldig, ist Arthur Lee auch unschuldig (s.2.). Deshalb lautet die Antwort: Arthur Lee is guilty.

19

Rutschpartie mit Fragezeichen: Fragebildung mit "to do"

Um bei der Fragebildung nicht mehr auszurutschen, beachte folgende Punkte:

Frage mit Hilfsverb oder 'do'-Form beginnen

Jede Frage, die mit ja oder nein beantwortet werden kann, muß im Englischen mit einem Hilfsverb oder mit einer do-Form beginnen:

	S	P	O	
Can	Archie	answer	the question? –	Yes, he can. oder: No, he can't.
Does	Archie	answer	the question? –	Yes, he does. oder: No, he doesn't.

Du siehst, daß so die S – P – O - Stellung erhalten bleibt.

Why, whom, when, where, how **+ do**

Willst du nun eines der Fragewörter 'why, whom, when, where, how' verwenden, setzt du es an die Spitze der Frage. Dann erst folgt die do-Form oder das Hilfsverb:

Why does Archie answer the question?
Where can Archie find the answer?

Vorsicht, nicht abrutschen:

Beginnt eine Frage mit einer do-Form, folgt **immer** der Infinitiv:

Did you **know** that?
Does Roger **play** tennis?

Und so wirst du vollkommen rutschfest:

Beginnt eine Frage mit **who = wer?,** wird sie **ohne** do-Form gebildet:

S	P	O
Who	knows	the answer?
Wer	weiß	die Antwort?

'Who' ist hier Subjekt des Satzes.

who, what, which als Subjekt ohne 'do'

Auch wenn 'what?' oder 'which?' Subjekt des Satzes oder auch nur ein Teil des Subjekts sind, brauchst du die Frage nicht mit 'do' zu bilden.

What makes the dog so angry?
Was macht den Hund so wütend?

Which building stands next to the church?
Welches Gebäude steht der Kirche am nächsten?

> **Die Formen von 'be' brauchen 'do' in der Frage nie!**
> **(Is Fred at home?)**

Und nun bitte auf zur Rutschpartie – ohne auszurutschen:

1. Wie oft geht er ins Kino?
   How often does he go to the cinema?
2. Verkauft dieser Laden Schallplatten?
   Does this shop sell records?
3. Kannst du die Frage beantworten?
   Can you answer the question?
4. Kennst du den Unterschied zwischen einem Esel (donkey) und einem Pferd?
   Do you know the difference between a donkey and a horse?
5. Spricht Lizzie Englisch oder Französisch?
   Does Lizzie speak English or French?
6. Warum ist das Wasser so kalt?
   Why is the water so cold?
7. Muß ich jetzt nach Hause kommen?
   Must I come home now?
8. Hast du gestern das Buch gekauft?
   Did you buy the book yesterday?
9. Wohnst du in einer Stadt oder in einem Dorf?
   Do you live in a town or in a village?
10. Wohin geht sie?
    Where does she go?

Welches Fragewort paßt in welchen Satz? Jedes Fragewort darf nur einmal vorkommen:

Who – how – which – what – when – where – how long – why ? ? ? ?

1. ______________ is your name?
2. ______________ is your favourite colour?
3. ______________ do you live?
4. ______________ is your best friend?
5. ______________ does the film last?
6. ______________ do you do?
7. ______________ is your birthday?
8. ______________ do you look so sad?

Gut geölt läuft besser

Well oiled is well driven

20 Vokabeln tanken – supernormal

Es gibt viele unterschiedliche Tanks. Der eines Volkswagens faßt fünfzig Liter, ein Heizöltank fünftausend, und der Bauch eines Supertankers kann einige Millionen Liter vertragen.

Supertanker Gehirn

Dein Gehirn ist auch so etwas wie ein Supertanker. Es kann Millionen Informationen aufnehmen und speichern. Jede Vokabel ist eine dieser Informationen. Wie du aber aus eigener Erfahrung weißt, ist es mit dem Aufnehmen und Speichern aber nicht so einfach wie beim Öltanker, bei dem das Rohöl durch eine Rohrleitung in den Bauch fließt.

Passenden Lernweg finden

Das Gehirn verlangt schon beim Betanken besondere Sorgfalt. Auf das WIE kommt es an, und das ist für jeden ein bißchen anders. Beim einen klappt es über das bloße Ablesen und Zudecken im Schulbuch prima, beim anderen ist der aufwendige Weg mit Hilfe des Kassettenrecorders der beste.

Um dir das Vokabeltanken zu erleichtern, findest du Tankstellen mit verschiedenen Zapfsäulen – Super, Normal, Diesel, Gemisch oder Extra. Tanke das Richtige!

NORMAL zapfst du im Vokabelteil deines Schulbuchs: Du liest englische und deutsche Vokabeln erst einmal durch, deckst dann die Spalte mit den deutschen Bedeutungen ab, schreibst die deutsche Bedeutung auf oder sagst sie vor dich hin und überprüfst sie.

Vokabeln – lernen im Schulbuch

Wenn du ein Vokabelheft führst, nimm folgenden Trick zu Hilfe. Laß nach jeder fünften oder sechsten Vokabel eine Zeile frei, oder ziehe einen dicken Strich. Denn Anfangs- und Endpunkte einer Vokabelliste prägen sich besser ein als die Vokabeln in der Mitte. Das erste und letzte Wort eines solchen Blocks kannst du so automatisch besser behalten. Ein Schritt mit kleinem Aufwand, aber großem Nutzen.

Das Heft für Problemvokabeln

Ein interessantes GEMISCH, mit dem du besonders beim Wiederholen der Vokabeln wieder auf Touren kommst, steckt im Problemvokabelheft. Schreibe in dieses Heft nur Vokabeln oder Wendungen, die besonderen Ärger machen, egal ob du sie schlecht behalten kannst oder ob du häufig Rechtschreibfehler machst. Dieses persönliche Gemisch für schwierige Fälle solltest du dann regelmäßig – etwa alle ein bis zwei Wochen – durchgehen.

Ein Vorteil deiner selbstgeführten Vokabelhefte besteht darin, daß du bereits beim Eintragen lernst, und bei vielen Schülern prägt sich ihr eigenes Schriftbild besser ein, als dies beim bloßen Ablesen aus dem Schulbuch der Fall ist.

Ein ähnliches GEMISCH, nur in anderer Verpackung, bietet die Lernkartei. Ein Mini-Maxi-Vokabeltank – mini, weil sie klein aussieht, maxi, weil unheimlich viel hineinpaßt. Du kannst dir einen solchen Vokabeltank leicht selber aus Pappe oder Holz bauen und dann mit Karteikarten füllen. Die Marke Eigenbau hat den Vorteil, daß sie nur mit Vokabeln gefüttert wird, die du tatsächlich für deinen Englischunterricht brauchst. Dagegen enthält die gekaufte Kartei auch Vokabeln, die dir nie zuvor im Textzusammenhang begegnet sind, daher auch schlecht im Gehirntank zu speichern sind. Eine ausführliche Bau- und Betriebsanleitung findest du in dem Buch 'So macht Lernen Spaß'.

Lernkartei – Marke Eigenbau

Training per Kassette

Wer die DIESEL-Zapfsäule ansteuert, fährt zwar keinen Rennwagen, aber auch nicht unbedingt einen Traktor. Sparsam, fast unverwüstlich, etwas lauter – denkst du sicher, wenn du Diesel hörst. Beim Vokabelnlernen mit dem Kassettenrecorder gilt das gleiche. Jeder, der die Erfahrung gemacht hat, daß er Lernstoff am besten über das Hören auftankt, sollte den Recorder als Vokabeltrainer einsetzen.

Spezialkur auf Tapetenrolle

Eine Möglichkeit, hartnäckige Brocken in den Griff zu kriegen, ist die EXTRA-Tankleitung – das Lernplakat. Auf einem großen Zettel, einem Bogen Packpapier oder einem Stück Tapetenrolle trägst du mit einem dicken Filzstift besonders schwierige Vokabeln ein. Mit ein paar Strichmännchen oder Fotos verziert, hängst du das Plakat an einer Stelle auf, die dir oft ins Auge fällt. Nach zwei Wochen ist die Spezial-Kur beendet, du hängst dir ein neues Lernplakat mit anderen schweren Vokabeln auf. Natürlich kannst du auch auf dein Starposter eine Sprechblase malen und dir die Vokabeln 'vorsingen' lassen. Ein Gurkenglas oder eine Raviolidose macht sich gut als Litfaßsäule für Vokabeln. Beschrifte selbstklebende Etiketten und gestalte deine Litfaßsäule.

Querfeldein-Erkundungs-Tour

"Super voll, bitte!" antwortet Archie dem Tankwart. Er will gleich zur Querfeldein-Erkundungs-Tour starten. Und die will in jeder Hinsicht gut vorbereitet sein. Die Fahrer dürfen nämlich keine Autokarten benutzen und müssen viele Dinge, wie z.B. Fahrtstrecke und Kontrollstellen, im Kopf haben.

Und da hat er die Methode benutzt, die ihm schon für Vokabeln eine gute Hilfe war. Damit hat er schon manche Wette gewonnen, wenn er superschnell ein Super-Vokabelbündel in den Gedächtnistank gepackt hatte. Willst du wissen, wie er das gemacht hat?

Mut zum Ungewöhnlichen

Archie verrät es dir nur, wenn du ihm versprichst, ihn nicht auszulachen! Es gehört nämlich Mut dazu, Mut zum Ungewöhnlichen.

Es ist wichtig, daß du die Bereitschaft mitbringst, altbekannte, gewohnte, eingefahrene Lernwege zu verlassen und mal querfeldein zu fahren. Damit du die Orientierung nicht verlierst, mußt du genau behalten, wo du hergefahren bist. Und da heißt es,

Lernstoff merk-würdig machen

komische Bilder im Kopf zu "fotografieren". Das menschliche Gehirn kann Dinge, die seltsam, komisch und merkwürdig sind, besser behalten, weil sie eben merk-würdig sind.

Stelle dir mal vor, du liegst im Gras unter einem Baum und lernst Vokabeln aus deinem Englisch-Buch. Plötzlich läßt ein Vogel – platsch! – etwas fallen – genau auf ein englisches Wort. Als du die Sache wieder ins Reine gebracht hast, kannst du die Wörtchen "to look forward" lesen – da kannst du dich freuen, daß du diesen Ausdruck nie mehr vergißt . . . Das soll aber nicht heißen, daß du nun dein ganzes Englischbuch so herrichten sollst – auch das Souvenir des Vogels sollte kein Kommentar zum Vokabellernen sein. Es sollte nur zeigen, wie vielseitig und interessant Eselsbrücken sein können.

Keywords benutzen

Hast du Lust, etwas mitzufahren? Achte unterwegs gut auf die Markierungen und Wegweiser, merke dir dazu Schlüsselwörter, Keywords. Solche Keywords kannst du auch für schwierige Englisch-Vokabeln benutzen. Bilde zu einer solchen Vokabel ein Phantasiebild. Das Keyword ist sozusagen das Verbindungsstück zwischen dem englischen Wort und der deutschen Übersetzung.

Es hat nichts mit der eigentlichen Wortbedeutung zu tun, sondern baut die Brücke von der Aussprache, dem Klangbild her.

Beispiele: to horrify = erschrecken. Als Keyword wird hier "Ohrfeige" verwendet. Stell dir in einem drastischen Bild vor, wie du unheimlich **erschrickst**, weil du eine Ohrfeige aus heiterem Himmel bekommst.
Oder: headache = Kopfschmerzen. Als Keyword leistet hier das Wort "Hetzjagd" gute Dienste. Male dir ein Phantasiebild, wie sich jemand so in einer Hetzjagd verfolgt fühlt, daß er wahnsinnige **Kopfschmerzen** bekommt.

Oder: toothbrush = Zahnbürste. Als Keyword könntest du hier "Schuster" nehmen. Stelle dir einen Schuster vor, der die Schuhe mit einer **Zahnbürste** putzt.
Oder: to agree = einverstanden sein. Als Keyword bietet sich hier "Gries" an. In deiner Phantasie siehst du jemanden, der damit **einverstanden ist**, daß man ihm Griesbrei in den Kaffee schüttet.

Die Gedanken sind frei

Welches Phantasiebild du dir wählst, ist ganz deinem Erfindungsgeist überlassen. Wichtig ist nur, daß du dir ein möglichst seltsames Bild ausdenkst.
Diese Methode erscheint dir auf den ersten Blick sicher umständlich und albern, wenn du aber etwas Übung hast, staunst du immer wieder, wie gut sie funktioniert.

Möchtest du diese merkwürdige Methode nicht einmal ausprobieren? Mache den Test, überprüfe die Wirksamkeit an der folgenden Liste von Vokabeln und Redewendungen. In der linken Spalte stehen die englischen Begriffe, in der Mitte die "Brücken" und in der rechten Spalte die deutsche Bedeutung.
Male dir bei den Keywords wirklich verrückte Phantasiebilder aus, die du mit der deutschen Bedeutung in Verbindung setzt.

out of print	*Autosprint*	vergriffen (von Büchern)
at random	*Fred rennt um*	aufs Geratewohl
to go by bus	*so ein Spaß*	Bus fahren
jealous	*schnelles*	eifersüchtig
fidget	*Fische*	Zappelphilipp
clerk	*parkt*	Angestellter
frown	*Frauen*	die Stirn runzeln
anticipate	*Antiquität*	voraussehen
cradle	*Gretel*	Wiege
contempt	*kommt Hemd*	Verachtung
likelihood	*leichter Hut*	Wahrscheinlichkeit
pang	*peng!*	plötzlicher Schmerz
at the most	*hetz die Maus*	bestenfalls, höchstens
capital fun	*Kapitalfang*	Heidenspaß
superstitious	*Superstich*	abergläubisch
swallow that if you can	*schmoll im tiefen Kahn*	wer's glaubt, wird selig

Na, wie viele hast du auf Anhieb behalten? – Meinst du nicht, daß es sich lohnt, hin und wieder mal "Super" zu tanken?

Aber wie dem auch sei, ob du Diesel, Normal, Super oder sonstwas tankst, bedenke, jedes Fahrzeug braucht seinen speziellen Sprit; jeder lernt auch anders. Die beste Methode ist immer die, die ich nach Ausprobieren und festgestelltem Erfolg persönlich dafür halte.

2000 Wörter – solide Basis

Übrigens, mit 2000 Litern hast du deinen Vokabeltank ordentlich gefüllt. Ein solcher Wörtervorrat als Grundwortschatz reicht bereits aus, ein flüssiges Alltagsgespräch zu führen. Dazu gehören auch so alte Bekannte wie yes, no, big, small, when, then, this . . .

Und es sind gar nicht wenige Vokabeln, die du jetzt schon beherrschst.

Mindestens die Hälfte aller Lücken wirst du füllen können! – Wetten?

1. There are 60 ____minutes____ in an hour.
2. I'm ____hungry____. I'm going to eat something.
3. This hat costs a lot. It is very ____expensive____.
4. School begins at 8 ____o'clock____ in the morning.
5. Your hands are ____dirty____. Go and wash them.
6. John is Mr. Baker's son. Mr. Baker is his ____father____.
7. Have you got any ____ink____ in your pen?
8. ____October____ comes after September.
9. She is ____wet____ because she has been in the rain.
10. Football and tennis are ____sports____.
11. Mary is going to ____draw____ a picture on the blackboard.
12. It is 1983 now. Five years ____ago____ it was 1978.
13. It is Thursday today. Yesterday was ____Wednesday____.
14. How many times did you knock at the door? – Only ____once____.
15. The colour of grass is ____green____.
16. I'm going to bed now because I'm very ____tired____.
17. Mrs. Miller has not got any sons, but she has got three ____daughters____.
18. Peter was ____born____ on 5 December 1956.
19. Elephants are very big ____animals____.
20. My coffee is not ____sweet____. Put some sugar in it.
21. What are you ____doing____? – I'm reading.
22. I am ill. I must go to the ____doctor's____.
23. January 1st is the ____beginning____ of the year.
24. Go to Mary and give ____her____ the book.

Na also!

Newcomers oder Oldies?

Im Laufe der letzten Jahre haben sich englische Wörter in der deutschen Sprache ziemlich breitgemacht. Über "Shopping", "Quizmaster", "Insider" oder "Sightseeing" stolpert heute kaum noch jemand.

Versuche bitte, den folgenden Wörter die passende deutsche Erklärung zuzuordnen:

1) Brainstorming	a) Kindesentführung
2) Buggy	b) Plakette in Knopfform
3) Checkpoint	c) Wiederverwertung (Glas . . .)
4) Crash Test	d) Grenzkontrollstelle
5) Hijacking	e) Warenprobe, Qualitätsprobe
6) Kidnapping	f) Wahl des richtigen Zeitpunkts
7) Know-how	g) gemeinsame Ideensammlung
8) Handicap	h) Rohrleitung (meist für Öl)
9) Paperback	i) Flugzeugentführung
10) Make-up	j) Hindernis, Behinderung, Nachteil
11) Mail Order	k) Durchführung geplanter Autozusammenstöße
12) Pipeline	l) Buch mit Pappeinband
13) Newcomer	m) Tasteninstrumente
14) Airconditioning	n) Strandwagen
15) Oldies	o) Reklame, Werbung
16) Recycling	p) Verkaufstechnik
17) Button	q) Musikautomat
18) Timing	r) alter Schlager
19) Sample	s) Klimaanlage
20) Publicity	t) Sachkenntnis, technische Erfahung
21) Gag	u) Postversand, Versandhandel
22) Jukebox	v) Anfänger, Neuling
23) Marketing	w) Schminke
24) Keyboards	x) Witz, Knüller

In einem englischen Text werden diese Begriffe natürlich klein geschrieben.

Lösung:

1g, 2n, 3d, 4k, 5i, 6a, 7t, 8j, 9l, 10w, 11u, 12h, 13v, 14s, 15r, 16c, 17b, 18f, 19e, 20o, 21x, 22q, 23p, 24m.

Stell’ dein Licht nicht unter den Scheffel

Don’t hide your light under a bushel

ABC und BBC

A, B, C sind die ersten Buchstaben des Alphabets, klar. Nur wenige wissen allerdings, daß A.B.C. auch als Abkürzung für

A merican
B roadcasting
C orporation,

das ist eine der drei großen US-amerikanischen Sendeanstalten, steht.

Einige gängige Abkürzungen sind bestimmt eine gute Vorlage für ein Mini-Quiz mit Freunden. Jedenfalls wirst du nach Durcharbeiten dieser Seiten einige Leute mit deinem Wissen zum Staunen bringen.

Manche der Abkürzungen haben mehrere Bedeutungen. Du findest hier immer die gebräuchlichste.

FBI	Federal Bureau of Investigation (US-Kriminalpolizei)
AC	alternating current (Wechselstrom)
DC	direct current (Gleichstrom)
hp	horse power (PS, Pferdestärke)
mph	miles per hour (Meilen pro Stunde)
BBC	British Broadcasting Corporation (größte britische Sendeanstalt)
BFA	British Football Association (britischer Fußballverband)
RC	Red Cross (Rotes Kreuz)
GMT	Greenwich Mean Time (westeuropäische Zeit)
VIP	very important person ("hohes Tier")
NATO	North Atlantic Treaty Organization (Militärbündnis westlicher Staaten)
SALT	Strategic Arms Limitation Talks (Verhandlungen zwischen USA und UdSSR zur Rüstungsbegrenzung)
OPEC	Organization of Petrol Exporting Countries (Organisation erdölexportierender Länder)
a.m.	lateinisch: "ante meridiem" = before noon (vormittags)
p.m.	lateinisch: "post meridiem" = after noon (nachmittags, nach 12 Uhr mittags)
k.o.	knock out (k.o.)
P.O.B.	post-office box (Postfach)
B.C.	before Christ (vor Christus)
NASA	National Aeronautics and Space Administration (US-amerikanische Luft- und Raumfahrtbehörde)
EC	European Community (Europäische Gemeinschaft)
cf.	confer (Vergleich)
CB	Citizens Band (Kurzwelle für privaten Gebrauch)
c/o	care of (in Adressen: bei)
e.g.	lateinisch: "exempli gratia" = for instance (zum Beispiel)

Mt.	Mount (Berg)
Rd.	Road (Straße)
vs.	lateinisch: "versus" = against (gegen)
resp.	respective (ly) (beziehungsweise, bzw.)
S.S.	steamship (Dampfer)
dep.	departure (Abfahrt)
cont.	continued (fortgesetzt)
LP	Labour Party (Britische Arbeiterpartei)
GI	government issue (1. Staatseigentum – 2. amerikanischer Soldat)

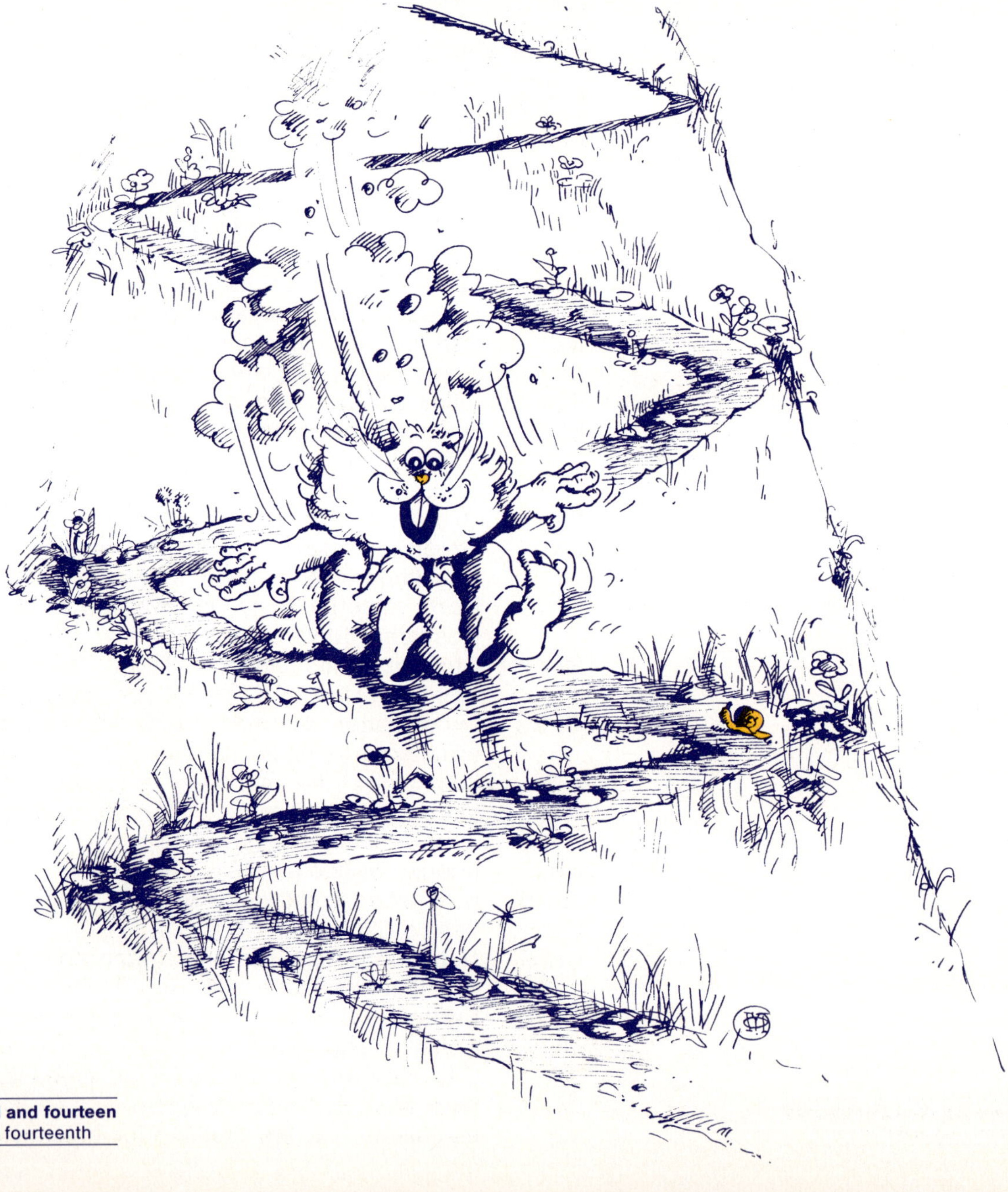

Über kurz oder lang: Short Forms

Im Englischen gibt es eine Reihe von Kurzformen, die in der gesprochenen Sprache verwendet werden, aber auch in einigen Bereichen des Schriftlichen: In der direkten Rede von Romanen und Kurzgeschichten, in Dramen, nicht zuletzt auch in persönlich gehaltenen Briefen.

Beachte besonders, daß einige Kurzformen zwei Bedeutungen haben.

Personalpronomen + Verb	I'm	*I am*	she'll	*she will*
	I've	*I have*	**she 'd**	*she would; she had*
	I'll	*I shall/will*	**it's**	*it is; it has*
	I'd	*I would; I had*	it'll	*it will*
	you're	*you are*	we're	*we are*
	you've	*you have*	we've	*we have*
	you'll	*you will*	we'll	*we shall/will*
	you'd	*you would; you had*	**we'd**	*we would; we had*
	he's	*he is; he has*	they're	*they are*
	he'll	*he will*	they've	*they have*
	he'd	*he would; he had*	they'll	*they will*
	she's	*she is; she has*	**they'd**	*they would; they had*
Verb + not	aren't	*are not*	isn't	*is not*
	can't	*cannot*	mustn't	*must not*
	couldn't	*could not*	needn't	*need not*
	didn't	*did not*	**shan't**	*shall not*
	doesn't	*does not*	shouldn't	*should not*
	don't	*do not*	wasn't	*was not*
	hasn't	*has not*	weren't	*were not*
	haven't	*have not*	**won't**	*will not*
	hadn't	*had not*	wouldn't	*would not*
Sonstige	here's	*here is*	what's	*what is?*
	how's	*how is?*	when's	*when is?*
	that'll	*that will*	where's	*where is?*
	that's	*that is*	**who'd**	*who would? who had?*
	there's	*there is*	who'll	*who will?*
	what'll	*what will*	who's	*who is?*

Stadt, Land, Fluß . . .

Stadt, Land, Fluß kannst du natürlich auch auf Englisch spielen, zum Beispiel als 4 x 4-Vokabelspiel. Jedes der folgenden Wörter läßt sich in eines der vier Sachgebiete **Jahreszeiten, Monate, Hauptstädte** oder **Gemüse** einordnen:

May, spring, cauliflower, Sofia, January, summer, London, carrot, Bonn, June, bean, Paris, March, autumn, pea, winter.

seasons	**months**	**capitals**	**vegetable**
spring	May	Sofia	cauliflower
summer	January	London	carrot
autumn	June	Bonn	bean
winter	March	Paris	pea

Frage doch mal Mitschüler, Freunde, Geschwister oder deine Eltern, ob sie nicht Lust haben mitzumachen.

Beschrifte also je nach Anzahl der Mitspieler Zettel mit Oberbegriffen und Vokabeln, die richtig eingeordnet werden sollen. Jeder Spieler bekommt einen Zettel, der ähnlich gestaltet ist wie die Jahreszeiten-Gemüse-Vorlage. Und los geht's. Wer ist zuerst fertig?

Natürlich kannst du den Zettel auch nur mit Sachgebieten beschriften und die einzuordnenden Vokabeln zügig vorlesen, so daß die Mitspieler schnell schalten müssen. Achte darauf, daß jeder beim Vorlesen einmal drankommt. Wer vorliest, stoppt die Zeit, die jeder Mitspieler braucht. Bei der Auswertung gibt es für falsch eingetragene Vokabeln 10 Sekunden extra.

Und hier noch weitere Vorschläge für das 4 x 4–Spiel:

1. Sachgebiete: countries, drinks, clothing, musical instruments.
   Vokabeln: Hungary, lemonade, shirt, Spain, piano, dress, flute, Norway, drum, juice, wine, coat, the Netherlands, trousers, violin, milk.
2. Sachgebiete: tools, fruit, languages, sports.
   Vokabeln: hockey, hammer, apple, Spanish, orange, screwdriver, German, cherry, drill, soccer, English, cricket, pear, saw, tennis, Dutch.

Diese Vorschläge kannst du nun nach Belieben zusammenstellen. Sicher fallen dir auch selbst Oberbegriffe und dazugehörige Vokabeln ein.

Downs And Ups

A little girl is standing on a tower which is 300 meters high, and she throws down her ball. Whenever the ball reaches the ground it bounces (springt) to one tenth of its former height again.

What distance altogether does the ball cover until it stops bouncing?

Lösung: 300 m down + 30 m up + 30 m down . . . = 366,666 . . . m

Vokabelmühle

Eine sehr wirkungsvolle Methode, den Wortschatz zu festigen oder zu erweitern, ist das Vokabel-Mühlespiel.
Du siehst unten ein Mühlespiel mit englischen Vokabeln. So oder ähnlich kannst du dein eigenes Mühlespiel gestalten. Die Vokabeln suchst du dir nach eigenem Geschmack aus, zum Beispiel Stichwörter oder Teile von Überschriften aus einer Zeitung oder Zeitschrift, die dir ins Auge springen oder die dich besonders interessieren. Diese Stichwörter pickst du heraus und schreibst die englische Bedeutung auf die Linien. Achte auf den Kontext und vergewissere dich im Wörterbuch.

Interessante Stichwörter sammeln

Wichtig ist, daß jede Vokabel ungefähr acht Tage auf der Tafel bleibt und du nebenbei ab und zu draufblickst, eben während des Spiels. Das Ganze wirkt wie die Werbeplakate an der nächsten Straßenecke, die du einfach beim Vorbeilaufen liest. So kannst du ohne stures Pauken lernen – auch das Schriftbild prägt sich gut ein.

Nach acht Tagen auswechseln

Willst du nun weitere Vokabeln aufschreiben, mußt du dir erst Platz auf dem Mühlespiel verschaffen. Überklebe von den alten Vokabeln so viele, wie du neue aufschreiben willst. Nach weiteren acht Tagen machen auch diese wieder Neulingen Platz.
Also: Nimm ein Stück feste Pappe oder ein Holzbrett und male mit einem dicken Filzer die nötigen Linien auf – fertig.

Lernen beim Spielen

Probier's doch mal mit Erdnüssen statt weißer Steine und Schokoladenstückchen oder Lakritz statt schwarzer Steine. Jetzt hast du eine Mühle-Vokabel-Futtermaschine. Wer hat schon so ein Ding?

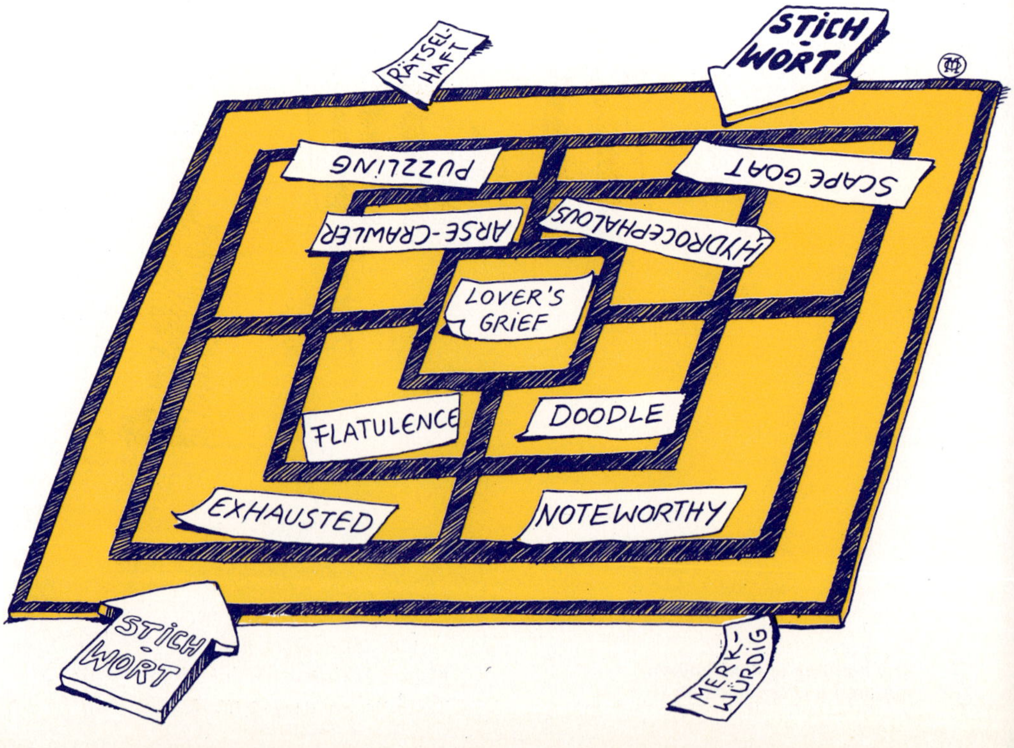

Wie sag' ich's meinem Lehrer?

Lies diese Seite, und du merkst: Vokabeln für flotte Sprüche sind flott gelernt.

Schreiben wir morgen schon wieder ein Diktat?	Will there be another dictation tomorrow?
Wir haben doch erst letzte Woche eines geschrieben.	We had one only last week.
Sie haben mir zwei Fehler zuviel angestrichen.	You've marked two mistakes too many.
Ich habe mir leider die Wörter nur flüchtig angesehen.	I only had a very superficial look at the words.
Ich kann darauf keine Antwort geben.	I can't give you an answer to that.
Bitte geben Sie uns nicht zuviel auf.	Please don't set us too much work, sir/madam.
Was bedeutet dieses Wort auf deutsch?	What's this word in German?
Ich kann nicht von mir behaupten, daß ich dieses Gebiet beherrsche.	I can't say I'm an expert in this field.
Ich habe Bauchschmerzen. Die Zigarettenpause ist mir nicht bekommen.	I've a stomach-ache. The cigarette break didn't agree with me.
Wie bitte?	I beg your pardon.
Nicht, daß ich wüßte.	Not as far as I know.
Gestatten Sie, daß ich austrete?	May I be excused, please?
Da hört doch alles auf.	That beats everything.
Ich habe gute Augen. Darf ich hinten sitzen?	I have good eyesight. May I sit at the back, please?
Entschuldigen Sie, daß ich mich verspätet habe. Der Hund des Hausmeisters ließ mich nicht durch die Schultür.	Please excuse my being late. The janitor's dog didn't give way.
Ich habe gerade einen Milchzahn verloren. Darf ich nach Hause?	I've lost a milk-tooth right now. May I go home, please?
Vokabeln lernen ermüdet mich sehr.	Learning words makes me very tired.
Das haben wir noch nie gehabt!	We've never done that.
Ich habe nicht abgeschrieben. Mein Nachbar und ich leiden an Gedankenübertragung.	I didn't crib. My neighbour and me both suffer from thought-transference.

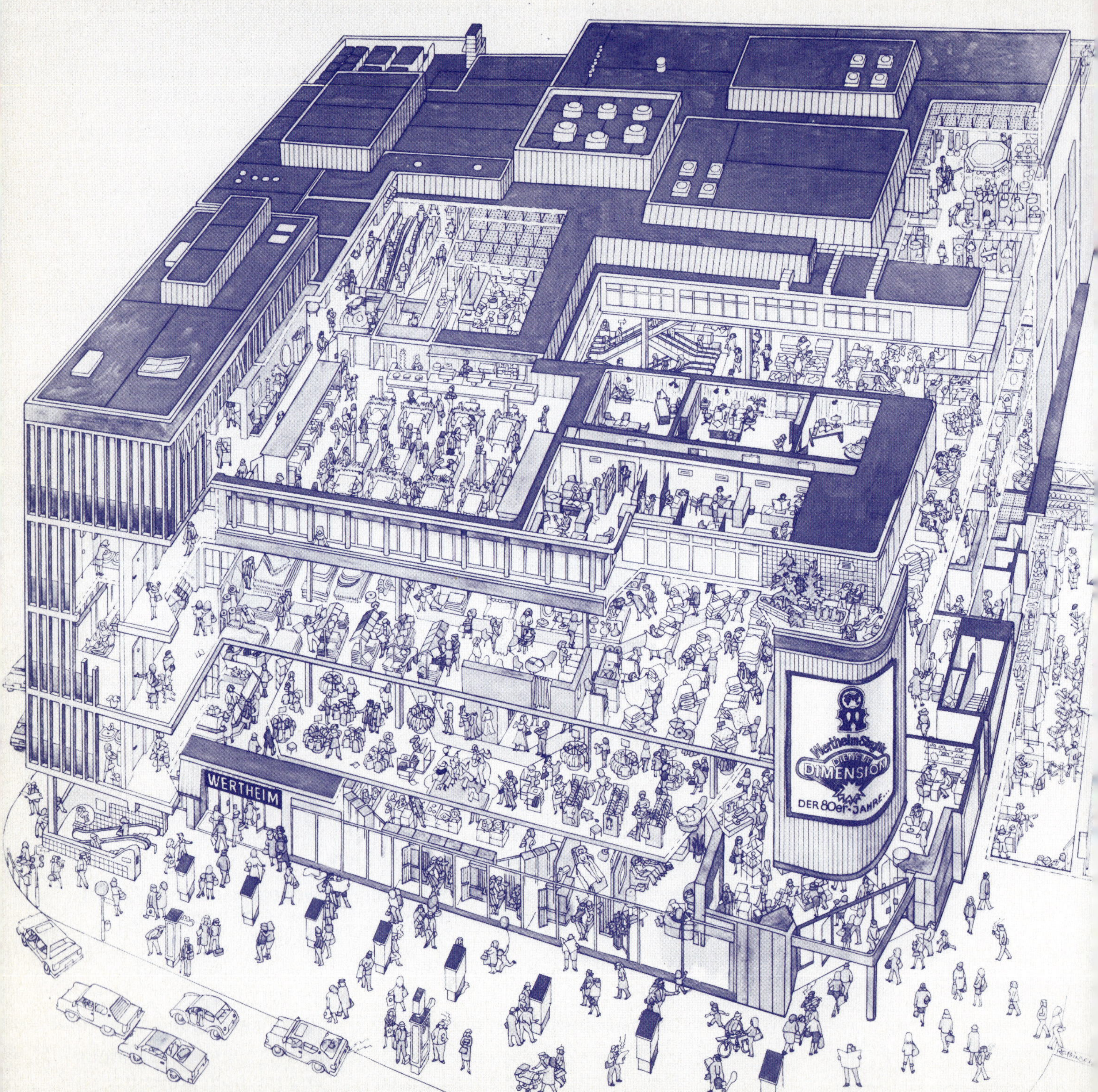

He who seeks will find

21 Self-Service im Wörterbuch

Jeder hat es, kaum jemand benutzt es freiwillig, keiner nutzt es richtig – was ist das? – Das Wörterbuch.

Schlag nach im Wörterbuch

Warum ist das so? Ganz einfach. Erstens lernt kaum jemand den richtigen Umgang mit dem Wörterbuch, und zweitens fehlt es an der Übung im Umgang mit diesem Hilfsmittel. Wer zum ersten Mal ein Wörterbuch benutzt, ist zunächst verwirrt von einer Vielzahl klein- und enggedruckter Erklärungen mit wild verstreuten Abkürzungen und Symbolen. Die Orientierung geht verloren, vor lauter Bäumen siehst du den Wald nicht mehr.

Aber es geht auch so! Wir wollen dir nun ein paar Schneisen durch den Wörterbuchdschungel schlagen. Von diesen Schneisen aus kannst du dann selbständig in die abgelegenen Winkel eindringen.

Was springt für dich heraus, wenn du die Wörterbuch-Kapitel bearbeitest? Du wirst viele Fehlerquellen ausschalten können und kennst dann auch das Prinzip, nach dem alle Wörterbücher funktionieren.

Wenn überhaupt, hast du bisher dein Wörterbuch vor allem dazu benutzt, Wortbedeutungen nachzuschlagen, manchmal vielleicht auch noch Rechtschreibeschwierigkeiten zu klären.

Fundgrube nutzen

Daß aber ebenfalls unregelmäßige Verbformen, unregelmäßige Steigerung von Adjektiven oder Schwierigkeiten in der Pluralbildung bei Substantiven ganz einfach nachzuschlagen sind, das nutzen die wenigsten aus. Schließlich verliert auch das Schreckgespenst "Präpositionen" sehr viel von seinem Schrecken.

Meinst du nicht auch, daß sich der Aufwand lohnt? Zwei bis drei Stunden Arbeit, verteilt auf eine Woche ungefähr, und du bist fit. Gewußt wie, und dein Wörterbuch ist eine Fundgrube.

(Falls du noch keines haben solltest: Laß dir vom Englischlehrer eines empfehlen. Die rund zwanzig Mark für ein Wörterbuch sind für die nächsten Jahre bestens angelegt).

Um dein Vokabelgeschäft bald sicher leiten zu können, sieh dir nun einmal den Artikel 'kiss' an. Diese Vokabel ist in drei Etagen zu finden. In jeder Etage steht eine andere Wortart, die du abgekürzt hinter der römischen Zahl findest. Solltest du Schwierigkeiten mit den grammatischen Begriffen haben, schlage auf Seite 28 nach.

Römische Zahl gibt Wortart an

kiss [kis] **I.** *s.* **1.** Kuß *m*: *to blow (od. throw) a ~ to s.o.* j-m e-e Kußhand zuwerfen; **2.** leichte Berührung (*Billardbälle etc.*); **3.** *Am.* Bai'ser *n* (*Zuckergebäck*); **4.** Zuckerplätzchen *n*; **II.** *v/t.* **5.** küssen: *to ~ s.o. good night* j-m e-n Gutenachtkuß geben; *to ~ one's hand to s.o.* j-m e-e Kußhand zuwerfen; *to ~ s.o.'s hand* j-m die Hand küssen; → *book 1, rod 2*; **6.** *fig.* leicht berühren; **III.** *v/i.* **7.** sich küssen; **8.** *fig.* sich leicht berühren; '**kiss·er** [-sə] *s. sl.* ‚Fresse' *f* (*Mund od. Gesicht*).

I. *s.* = Substantiv

II. *v/t.* = transitives Verb

III. *v/i.* = intransitives Verb

4 weitere Etagen, die du kennen solltest, kannst du der kleinen Informationstafel entnehmen:

Abkürzungen einprägen

Information

adj.	=	Adjektiv
adv.	=	Adverb
v/aux.	=	Hilfsverb
prp.	=	Präposition

Treppauf rollen

So, und nun schlage folgende Vokabeln nach, fahre sie mit der Rolltreppe in die richtige Etage und vergewissere dich am Spiegelstand:

careful ______ adj.

bacon ______ s.

badly ______ adv.

apologize ______ v/i.

bless ______ v/t.

steward ______ s.

never ______ adv.

against ______ prp.

can ______ v/aux.

solve ______ v/t.

Etagen etappenweise

Nachdem du nun durch die 7 Etagen des Kaufhauses gefahren bist, gehe noch einmal in Ruhe durch die erste Etage des Wortes 'kiss'

kiss [kis] **I.** *s.* **1.** Kuß *m*: *to blow (od. throw) a ~ to s.o.* j-m e-e Kußhand zuwerfen; **2.** leichte Berührung (*Billardbälle etc.*); **3.** *Am.* Bai'ser *n* (*Zuckergebäck*); **4.** Zuckerplätzchen *n*; **II.** *v/t.* **5.** küssen: *to ~ s.o. good night* j-m e-n Gutenachtkuß geben; *to ~ one's hand to s.o.* j-m e-e Kußhand zuwerfen; *to ~ s.o.'s hand* j-m die Hand küssen; → *book 1, rod 2*; **6.** *fig.* leicht berühren; **III.** *v/i.* **7.** sich küssen; **8.** *fig.* sich leicht berühren; '**kiss·er** [-sə] *s. sl.* ‚Fresse' *f* (*Mund od. Gesicht*).

1. Kuß	→	Grundbedeutung
2. leichte Berührung		abgewandelte
3. Baiser		Bedeu-
4. Zuckerplätzchen		tungen

Etage mit mehreren Abteilungen

Dort zeigen dir die arabischen Zahlen die verschiedenen Abteilungen der Etage I. (= s.). Als Substantiv kann 'kiss' vier Bedeutungen haben. In der 1. Abteilung findest du immer die Grundbedeutung der englischen Vokabel, dann folgen abgewandelte Bedeutungen, mit denen 'kiss' nicht so häufig übersetzt wird. Das gleiche gilt für die beiden anderen Etagen der Vokabel.

Und nun pendele bitte wieder zwischen erstem und siebtem Stock, um den folgenden Vokabeln Wortarten mit einem deutschen Etikett, und zwar der Grundbedeutung, zuzuordnen:

farm	I.	s. Bauernhof
	II.	v/t. Land bebauen
	III.	v/i. Landwirt sein
report	I.	s. Bericht
	II.	v/t. berichten
	III.	v/i. (e-n) Bericht geben
shower	I.	s. Schauer
	II.	v/t. überschütten
	III.	v/i. (nieder) prasseln
claim	I.	v/t. fordern
	II.	v/i. reklamieren
	III.	s. Forderung
right	I.	adj. richtig
	II.	adv. richtig
	III.	s. Recht
	IV.	v/t. (auf)richten
	V.	v/i. sich wiederaufrichten
heat	I.	s. Hitze
	II.	v/t. erhitzen
	III.	v/i. sich erhitzen

Wenn du dir die Vokabel 'kiss' genau angesehen hast, ist dir in der II. Etage hinter Abteilung 6. sicher die Abkürzung 'fig.' aufgefallen. Sie steht für **figurativ,** das bedeutet, daß die deutsche Übersetzung für 'kiss' hier in bildlicher oder übertragener Bedeutung steht. Weitere Sonderposten, die dir wichtige Zusatzinformation geben, findest du im Regal.

Regal mit Sonderposten

sg.	Singular, Einzahl
pl.	Plural, Mehrzahl
s.o.	someone
s.th.	something
Am.	Amerikanisch
Brit.	Britisch
a.	auch
etc.	et cetera, und so weiter

Gerade werden Reklametafeln im Kaufhaus aufgestellt.

So steht dieses Symbol für Handwerk, Technik,

die Waage für Rechtswissenschaft.

Die übrigen Tafeln stehen für Pflanzenkunde,
Bergbau,
Militärwesen,
Schiffahrt,
Eisenbahn,
Flugwesen,
Postwesen,
Musik,
Elektrotechnik,
Medizin.

Welches Zeichen steht jetzt aber für welche Begriffe?

Symbol-Sprache lernen

Manchmal begegnet dir ein Pfeil (→ = siehe), der dich auffordert, an einer anderen Stelle im Wörterbuch nachzuschlagen.

Weitere Hinweise → Erklärung der Zeichen und Abkürzungen in deinem Wörterbuch.

Fließendes Englisch aus guter Quelle
Fluent English from a reliable source

Kontext beachten

Wie du weißt, werden Wörter entsprechend dem Kontext oder Sinnzusammenhang übersetzt. Denke nur an die verschiedenen Übersetzungsmöglichkeiten des Wortes 'kiss'. Daß dies für sehr viele Wörter gilt, kannst du feststellen, wenn du z.B. beim Kontrollgang durch die Getränkeabteilung mitgehst. Lies den Text durch und finde Wortart und Bedeutung der fettgedruckten Vokabeln heraus.

COLA, also called kola, or Sudan coffee,
is an evergreen tree **related** to the cacao.
It is the **source** of cola nuts.
The cola tree is **native** to tropical Africa.
The tree grows to 12 meters high. It has small yellow **flowers.**
The cola nuts contain twice as much caffeine as do coffee beans,
and they are used in medicinal **preparations** as nerve or heart
stimulants. African natives chew cola nuts and dry them to make
stimulating drinks.

adj.: verwandt mit
s.: Quelle
adj.: einheimisch
s.: Blüte
s.: Präparate
s.: Anregungsmittel
adj.: anregend

re-late [ri'leit] I. v/t. 1. berichten, erzählen (to s.o. j-m); 2. in Beziehung od. Zs.-hang bringen, verbinden (to, with mit); II. v/i. 3. sich beziehen, Bezug haben (to auf acc.): relating to in bezug auf (acc.), bezüglich (gen.); re'lat-ed [-tid] adj. verwandt (to, with mit) (a. fig.): ~ by marriage verschwägert.

source [sɔ:s] s. 1. Quelle f, poet. Quell m; 2. Quellfluß m; 3. poet. Strom m; 4. fig. (Licht-, Strom- etc.) Quelle f: ~ impedance ⚡ Quellwiderstand; 5. fig. Quelle f, Ursprung m: ~ of information Nachrichtenquelle: from a reliable ~ aus zuverlässiger Quelle; to have its ~ in s-n Ursprung haben in (dat.); to take its ~ from entspringen (dat.); 6. fig. literarische Quelle: ~ material Quellenmaterial; 7. † (Einnahme-, Kapital- etc.)Quelle f: ~ of supply Bezugsquelle; to levy a tax at the ~ e-e Steuer an der Quelle erheben;

'Stimulans n, Anregungs-, Reizmittel n; 2. Genußmittel n, bsd. 'Alkohol m; 3. Anreiz m (of für); II. adj. 4. → stimulating 1; 'stim-u-late [-leit] v/t. 1. ⚕ etc., a. fig. stimulieren, anregen (s.o. into j-n zu et.); fig. a. anspornen, anstacheln; beleben; 2. Nerv reizen; 'stim-u-lat-ing [-leitiŋ] adj. 1. a. fig. stimulierend, anregend, belebend; 2. fig. anspornend; stim-u-la-tion [stimju'leiʃən] s. 1. Anreiz m, Antrieb m, Anregung f, Belebung f; 2. ⚕ Reizung f, Reiz m; 'stim-u-la-tive [-lətiv] → stimulating; 'stim-u-lus [-ləs] pl. -li [-lai] s. 1. 'Stimulus m: a) (An)Reiz m, Antrieb m, Ansporn m (to zu), b) ⚕ Reiz m: ~ threshold Reizschwelle; 2. → stimulant 1; 3. ♣ Nesselhaar n.

na-tive ['neitiv] I. adj. □ 1. angeboren (to s.o. j-m), na'türlich (Recht etc.); 2. eingeboren, Eingeborenen...: ~ quarter; 3. (ein)heimisch, inländisch, Landes...: ~ plant ♣ einheimische Pflanze; ~ product; 4. heimatlich, Heimat...: ~ country Heimat, Vaterland; ~ language Muttersprache; ~ town Heimat-, Vaterstadt; 5. ursprünglich, urwüchsig, na'turhaft: ~ beauty; 6. ursprünglich, eigentlich: the ~ sense of a word; 7. gediegen (Metall etc.); 8. min. a) roh, Jungfern..., b) natürlich vorkommend; II. s. 9. Eingeborene(r m) f; 10. Einheimische(r m) f, Landeskind n: a ~ of Berlin ein gebürtiger Berliner; 11. ♣ einheimisches Gewächs; 12. zo. einheimisches Tier; 13. Na'tive f, (künstlich) gezüchtete Auster; '~-born adj einheimisch, im Lande geboren.

flow-er ['flauə] I. s. 1. Blume f; Blüte f (a. fig.): in ~ in Blüte, blühend; say it with ~s laßt Blumen sprechen!; 2. Blütenpflanze f; 3. Blüte(zeit) f (a. fig.): in the ~ of his life in der Blüte der Jahre; 4. das Beste od. Feinste; E'lite f, Zierde f, Blüte f: the ~ of his age die Zierde s-r Zeit; 5. Blumenverzierung f, Ausschmückung f: ~s of speech Redeblüten, Floskeln; 6. ~s of sulphur ⚗ Schwefelblumen; II. v/i. 7. blühen (a. fig.); 8. fig. in höchster Blüte stehen;

Wörterbuch-Auszüge aus:
Langenscheidts Handwörterbuch
Englisch-Deutsch,
Berlin/München 1979

Sammeln und Sortieren

1

3

4

5

2

7

6

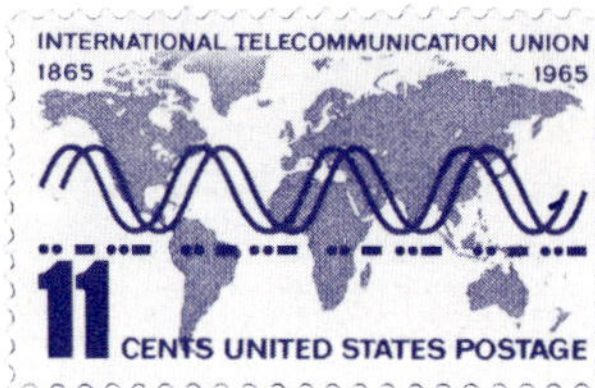

8

Sammelst du Briefmarken? Hast du beim Sortieren schon mal die Beschriftung genauer unter die Lupe genommen? Dann hast du bestimmt festgestellt, daß man dabei ganz nebenbei auch sein Englisch aufpoliert.

Das kannst du hier bei der frisch eingeflogenen Kollektion prüfen. Mache es wie Archie: Schlage im Wörterbuch nach, notiere auf einem Zettel passende Übersetzungen und vergleiche sie im Spiegel.

Folgende oder ähnliche Lösungen hast du sicher gefunden:

1) Friedliche Nutzung des Weltraums 2) Arkansas-Flußschiffahrt 3) Hoffnung für Körperbehinderte 4) Zugvogelabkommen 5) Eilzustellung 6) Internationales Nachrichtenwesen 7) Unterstützt unsere Jugend 8) Setzt Pflanzen für ein schöneres Amerika

Heiße Musik

Es gibt tausende von Musikgruppen. Am erfolgreichsten sind immer noch amerikanische und englische Gruppen. Dabei hören sich ihre Namen zunächst einmal ganz gut an. Weißt du eigentlich, wie sich die deutsche Übersetzung anhört?

Da gibt es Namen wie 'Die Mütter der Erfindung', 'Es ist ein schöner Tag', 'Mandarinentraum' (übrigens eine deutsche Gruppe) oder 'Essig-Josef'.

Sieh dir mal an, wie sich einige Bands getauft haben:

Blind Faith – Blindes Vertrauen
Canned Heat – Hitze in Dosen
Chicken Shack – Hühnerstall
Curved Air – Krumme Luft
Deep Purple – Tiefer Purpur
Fugs – Stubenhocker
Gentle Giant – Freundlicher Riese
Iron Butterfly – Eiserner Schmetterling
The Mothers of Invention – Die Mütter der Erfindung
Spooky Tooth – Gespenstiger Zahn
Tangerine Dream – Mandarinentraum
Vinegar Joe – Essig-Josef
Weather Report – Wetterbericht
Wishbone Ash – Brustbeinreste

Und wie heißen deine Lieblingsgruppen?
Vielleicht Police, Simple Minds, Adam and the Ants, Cure, Stranglers, Pretenders, Orchestral Manoeuvres oder, oder . . . ?

Wie auch immer, schau ins Wörterbuch und du erfährst, wie sich die Typen nennen.

Kostprobe am Salatbuffet

Kurz vor Ladenschluß gibt es noch einen Leckerbissen aus der Feinschmeckerabteilung: Pikante Soßen am Salatbuffet!

Beiwerk kann den Sinn verändern

Wie die Soße dem Salat den Pfiff gibt, gibt oft das Beiwerk den Vokabeln ihre Würze. Wie ein und derselbe Salat allein durch die Soße den Geschmack verändert, ändert 'get' durch das Drumherum seine Bedeutung.

Hier eine kleine Kostprobe:

No greater comfort for the learner of English can be imagined than that inconspicuous but magic verb 'to get'. When it **gets cold** in New York, you might say, and the weather **gets on his nerves,** the German visitor can **get a ticket** to Florida and, after **getting a message** to his friend in Miami that he should **get him** at the airport, can **get on a plane.** If his friend **gets over his surprise** and doesn't **get impatient** at the delay of the plane, he will **get hold of** the German guest at the airport gate. He will, of course, know what **has got to be done,** will **get a cab** and tell the driver **to get going.** They'll soon **get to the hotel, get registered, get a quick meal** and perhaps **get into their bathing suits** and **get into the water.** It won't take the visitor long to **get used to** the Florida climate, even if it **gets him down** a bit at first. It is clear that a modest pocket dictionary will enable the German not only **to get by** but **to get along** famously for a week or two on the nearly inexhaustible resources of that little verb 'to get'.

Victor Lange, Life International, 26. Feb. 1962

get [get] **I.** *v/t.* [*irr.*] **1.** bekommen, erhalten, ‚kriegen': *to ~ a letter; to ~ a cold* sich erkälten; *to ~ religion* fromm werden; **2.** (sich [*dat.*]) verschaffen *od.* besorgen, erlangen, erringen, gewinnen, erwerben, (sich [*dat.*]) kaufen; holen, bringen: *~ me a chair!* bring mir e-n Stuhl!; *to ~ a living* s-n Lebensunterhalt verdienen; *to ~ singing-lessons* Gesangunterricht nehmen; *you had better ~ a new suit* Sie sollten sich (lieber) e-n neuen Anzug kaufen; **3.** (hin)bringen: *to ~ s.o. to bed* j-n zu Bett bringen; *that will ~ you nowhere* das führt zu nichts; **4.** fassen, packen, erwischen, fangen: *you've got me there!* F da hast du mich drangekriegt!; *that ~s me* F **a)** das ist mir zu hoch, **b)** das macht mir zu schaffen; **5.** veranlassen, 'dazu bringen, bewegen: *to ~ s.o. to speak* j-n zum Sprechen bringen; *to ~ s.th. done* et. erledigen; → *9*; *to ~ the door shut* die Tür zubekommen; **6.** F verstehen, ‚kapieren': *I don't ~ you* ich verstehe nicht, was du willst; *you got me wrong* du verstehst mich falsch; **7.** *to have got* haben, besitzen: *I have got no money; she has got an ugly face; I've got it!* ich hab's!; **8.** *to have got to inf.* F müssen: *I've got to go*; **9.** *to ~ mit s. u. p.p. od. adj.* lassen, bewirken: *to ~ one's hair cut* sich die Haare schneiden lassen; *to ~ one's leg broken* sich das Bein brechen; *to ~ things done* **a)** Sachen erledigen lassen, **b)** etwas zuwege bringen; → *5*; *to ~ one's feet wet* nasse Füße bekommen; **II.** *v/i.* [*irr.*] **10.** gelangen, (an)kommen, geraten: *we got to Berlin* wir kamen nach Berlin; *to ~ home early* früh nach Hause kommen; *to ~ into debt* in Schulden geraten; *to ~ into a rage* e-n Wutanfall kriegen; *to ~ there* F **a)** sein Ziel erreichen, es durchsetzen, **b)** es verstehen; **11.** *mit adj.* werden: *to ~ old; to ~ better* **a)** besser werden, **b)** sich erholen; *to ~ ready* sich fertigmachen; *to ~ drunk* sich betrinken; *to ~ used to* sich gewöhnen an (*acc.*); **12.** *mit inf.*: *to ~ to hear* zu hören bekommen; *to ~ to know* kennenlernen; *they got to be friends* sie wurden Freunde; **13.** *mit p.p.* werden: *to ~ caught* gefangen *od.* gefaßt werden; *to ~ married* (sich ver-)heiraten; *to ~ dressed* sich anziehen; *to ~ left* **a)** zurückbleiben, **b)** in e-e peinliche Situation geraten; **14.** *mit p.pr.* gelangen, kommen: *to ~ going* in Gang kommen; *to ~ talking* ins Gespräch kommen, zu reden anfangen;

Zssgn mit prp.:

get| at *v/i.* **1.** (her'an)kommen an (*acc.*), erreichen: *I can't ~ my books*; **2.** *j-m* beikommen, an *j-n* rankommen; **3.** her'ausbekommen, feststellen, erfahren, ermitteln; **4.** *sl. j-n* ‚schmieren', bestechen; **~ off** *v/i.* **1.** absteigen von, aussteigen aus; **2.** freikommen von; **~ on** *v/i. Pferd, Wagen etc.* besteigen; einsteigen in (*acc.*): *to ~ to* **a)** F sich *j-n* vorknöpfen, **b)** *teleph. j-n* anrufen, **c)** *Am.* F hinter *et. od.* hinter *j-s* Schliche kommen; **~ out of** *v/i.* **1.** her'aussteigen, -gelangen: *to ~ smoking* sich das Rauchen abgewöhnen; **2.** sich drücken von *od.* um *et.*; **~ o·ver** *v/i.* **1.** her'übergelangen *od.* -kommen *od.* -steigen über (*acc.*): *to ~ the fence*; **2.** *fig.* hin'wegkommen *od.* sich hin'wegsetzen über (*acc.*): *I can't ~ this injustice* über diese Ungerechtigkeit komme ich nicht hinweg; **~ round** *v/i.* **1.** her'umkommen um; **2.** *et.* über'winden; **3.** *j-m* um den Bart gehen; **~ through** *v/i.* **1.** bewältigen, erledigen; **2.** *Zeit* verbringen, *Geld* 'durchbringen; **~ to** *v/i.* **1.** kommen nach, erreichen; **2.** (*zufällig*) da'zukommen: *we got to talking about it* wir kamen darauf zu sprechen;

Zssgn mit adv.:

get| a·bout *v/i.* **1.** her'umgehen, -kommen; s-n Geschäften nachgehen; **2.** sich (wieder) bewegen *od.* regen, wieder auf den Beinen sein; **3.** sich verbreiten, 'umgehen (*Gerücht*); **~ a·cross I.** *v/i. fig.* 'durchdringen, wirken, Anklang finden: *the play got across* das Stück schlug ein; **II.** *v/t.* Wirkung *od.* Erfolg verschaffen (*dat.*), *et.* an den Mann bringen: *to get an idea across*; **~ a·long** *v/i.* **1.** auskommen (*with* mit *j-m*); **2.** auskommen *od.* fertigwerden (*with* mit *et.*); **3.** → *get on 1*; **4.** *~ with you!* F **a)** verschwinde!, **b)** quatsch doch nicht!; **~ a·way** *v/i.* **1.** loskommen, sich losmachen: *you can't ~ from that* **a)** darüber kannst du dich nicht hinwegsetzen, **b)** das mußt du doch einsehen; **2.** → *get along 4*; **3.** entgehen, entwischen: *he got away with it this time* **a)** diesmal gelang es ihm, **b)** diesmal kam er ungestraft davon; *he gets away with everything* er kann sich alles erlauben; **~ be·hind** *v/i.* zu'rückbleiben; in Rückstand kommen; **~ by** *v/i.* vor'bei-, 'durchkommen; **~ down I.** *v/i.* **1.** aus-, absteigen; **2.** *to ~ to s.th.* sich daran machen, sich mit et. befassen; **II.** *v/t.* **3.** her'unterholen; **4.** aufschreiben; **5.** *Essen etc.* runterkriegen; **6.** *fig. j-n* ‚fertigmachen', deprimieren; **~ in I.** *v/i.* **1.** einsteigen, -treten; geraten in (*acc.*); **2.** ins Parla'ment gewählt werden; **II.** *v/t.* **3.** her'einholen, -bekommen; einfügen, *Bemerkung etc.* anbringen; **~ off I.** *v/i.* **1.** ab-, aussteigen: *to tell s.o. where to ~ sl.* j-m ‚Bescheid stoßen'; **2.** ✈ starten; **3.** da'vonkommen, frei ausgehen: *to ~ with a caution* mit e-r Verwarnung davonkommen; *to ~ cheaply* F **a)** billig wegkommen, **b)** mit e-m blauen Auge davonkommen; **II.** *v/t.* **4.** losmachen, freibekommen: *his counsel got him off* sein Verteidiger erwirkte s-n Freispruch; **5.** loswerden; **~ on I.** *v/i.* **1.** vor'ankommen, Fortschritte machen, Erfolg haben: *get on!* weiter!; *to ~ in years* älter werden; *it is getting on for 5 o'clock* es geht auf 5 Uhr (zu); **2.** gut auskommen, sich vertragen (*with* mit *j-m*); **II.** *v/t.* **3.** *Kleidungsstück* anziehen; **~ out I.** *v/i.* **1.** aussteigen, her'auskommen (*of* aus): *get out!* raus!; **2.** *fig.* (*of*) sich her'auswinden (aus), sich befreien (aus, von); **II.** *v/t.* **3.** her'ausholen, -bekommen; erhalten, gewinnen: *I got nothing out of it* ich ging leer aus; **4.** *et.* aus *j-m* her'ausholen, -locken: *I could get nothing out of him*; **~ round I.** *v/t. j-n* ‚her'umkriegen', beschwatzen; **II.** *v/i.* da'zukommen (*to doing* zu tun); **~ through** *v/i.* **1.** 'durchkommen (*a. fig.*); **2.** *teleph.* Anschluß bekommen; **~ to·geth·er I.** *v/i.* **1.** zs.-kommen; **2.** *Am.* F sich einigen; **II.** *v/t.* **3.** zs.-bringen; **~ up I.** *v/i.* **1.** aufstehen, sich erheben; aufsteigen; **II.** *v/t.* **2.** veranstalten, einrichten; **3.** vorbereiten; *Buch etc.* ausstatten; *Waren* (hübsch) aufmachen; auf-, her'ausputzen; **4.** *thea.* einstudieren, inszenieren.

Da haben wir den Salat!

There we are!

Nicht nur für den Augenblick

Um 18.30 Uhr, sozusagen zum Ladenschluß, nochmal alles auf einen Blick:

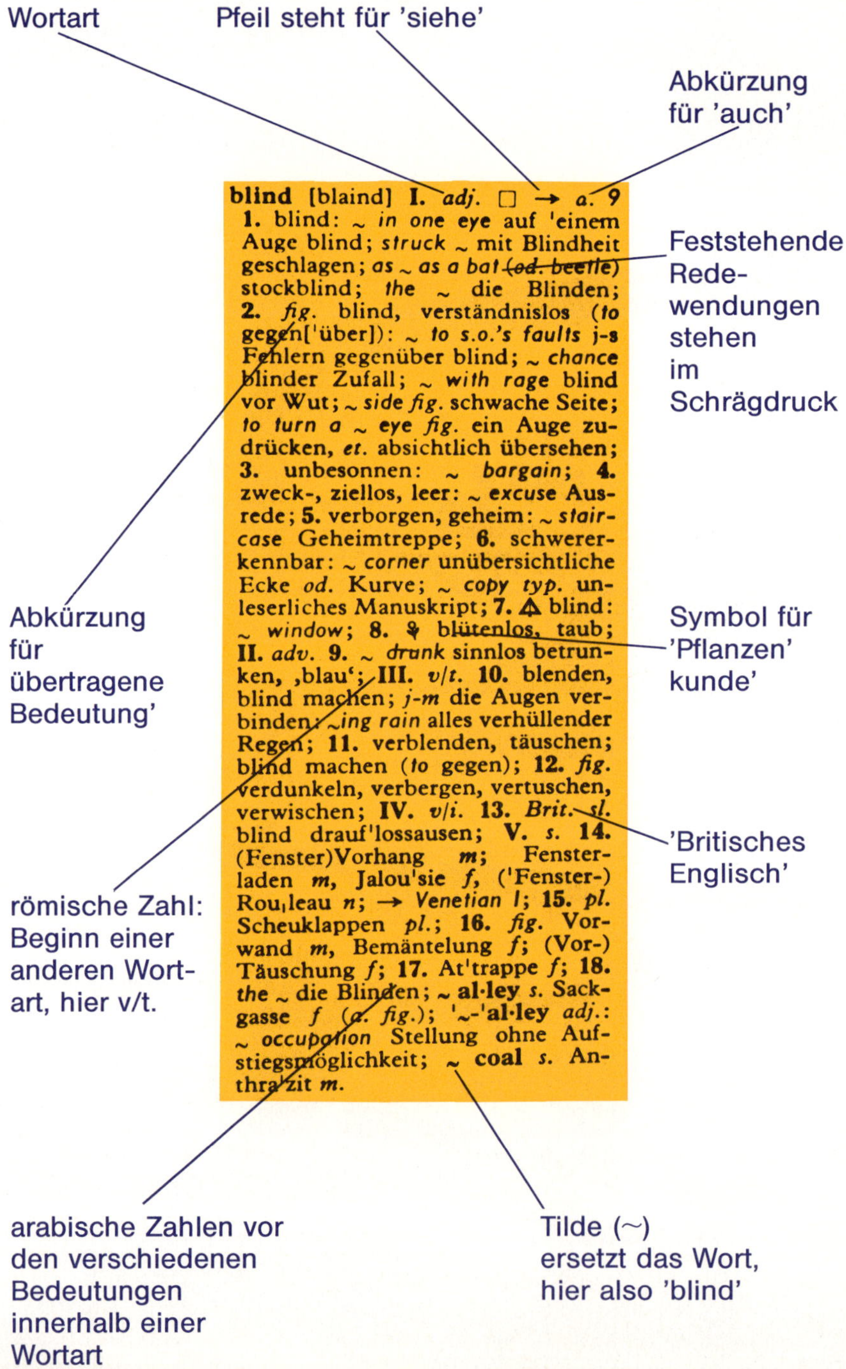

blind [blaind] **I.** *adj.* □ → *a.* 9 **1.** blind: ~ *in one eye* auf 'einem Auge blind; *struck* ~ mit Blindheit geschlagen; *as* ~ *as a bat* (*od. beetle*) stockblind; *the* ~ die Blinden; **2.** *fig.* blind, verständnislos (*to* gegen['über]): ~ *to s.o.'s faults* j-s Fehlern gegenüber blind; ~ *chance* blinder Zufall; ~ *with rage* blind vor Wut; ~ *side fig.* schwache Seite; *to turn a* ~ *eye fig.* ein Auge zudrücken, *et.* absichtlich übersehen; **3.** unbesonnen: ~ *bargain*; **4.** zweck-, ziellos, leer: ~ *excuse* Ausrede; **5.** verborgen, geheim: ~ *staircase* Geheimtreppe; **6.** schwererkennbar: ~ *corner* unübersichtliche Ecke *od.* Kurve; ~ *copy typ.* unleserliches Manuskript; **7.** ⚠ blind: ~ *window*; **8.** ⚘ blütenlos, taub; **II.** *adv.* **9.** ~ *drunk* sinnlos betrunken, ‚blau'; **III.** *v/t.* **10.** blenden, blind machen; *j-m* die Augen verbinden; ~*ing rain* alles verhüllender Regen; **11.** verblenden, täuschen; blind machen (*to* gegen); **12.** *fig.* verdunkeln, verbergen, vertuschen, verwischen; **IV.** *v/i.* **13.** *Brit. sl.* blind drauf'lossausen; **V.** *s.* **14.** (Fenster)Vorhang *m*; Fensterladen *m*, Jalou'sie *f*, ('Fenster-)Rou,leau *n*; → *Venetian I*; **15.** *pl.* Scheuklappen *pl.*; **16.** *fig.* Vorwand *m*, Bemäntelung *f*; (Vor-)Täuschung *f*; **17.** At'trappe *f*; **18.** *the* ~ die Blinden; ~ **al·ley** *s.* Sackgasse *f* (*a. fig.*); '~-'**al·ley** *adj.*: ~ *occupation* Stellung ohne Aufstiegsmöglichkeit; ~ **coal** *s.* Anthra'zit *m*.

Lehrersprüche, wie sie kaum im Wörterbuch stehen

Verschwinde!
Off with you!

Ich habe deinen Kugelschreiber aus Versehen eingesteckt.
Sorry, I took your ball pen by mistake.

Sieh' mir in die Augen!
Look me straight in the face.

Ich habe mich versprochen
It was a slip of the tongue.

Du mußt dir deine Faulheit abgewöhnen.
You must cure yourself of your laziness.

Ich wurde vom Direktor abgekanzelt.
I was dressed down by the headmaster.

Du hast von deinem Nachbarn abgeschrieben.
You have been cribbing from your neighbour.

Ich hätte dies von dir bei deinem Alter nicht erwartet.
I wouldn't have expected that from someone of your age.

Ich habe kein Verständnis für deine Dummheiten.
I really can't understand your foolish tricks.

Erzähl' mir keine Märchen!
Don't tell me fairy-tales.

Warst du es, der einen Schneeball durch mein Klofenster geworfen hat?
Was it you who threw a snowball in my toilet window?

Ich habe (mich) verschlafen.
I overslept.

Was für ein Dummkopf! Bringt mich nicht durcheinander.
What a saphead!
Don't confuse me.

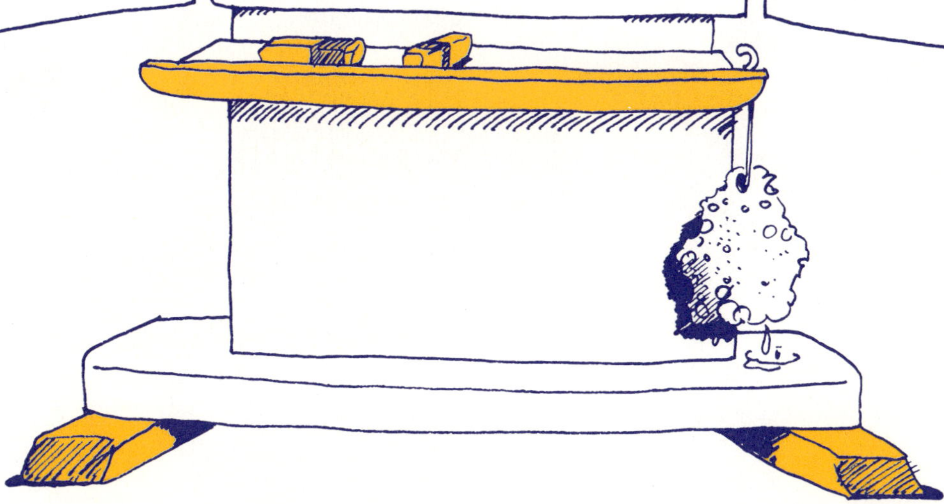

Kein Grund durchzudrehen

No reason for going mad

22 Im Räderwerk der Zeiten

Alles aufgewacht! Es wird höchste Zeit für die Zeiten!

Zeiten, an die du dich halten mußt

Du weißt doch: Wer mit der Zeit nicht aufpaßt, hat meist Ärger. Wer um 18.35 Uhr einkaufen will, steht vor der geschlossenen Tür – die Öffnungszeiten sind festgelegt. Ein Fußballspiel dauert 90 Minuten, eine Schulstunde so lange wie eine Halbzeit im Fußball. Fahrpläne und Fernsehprogramm, Schwimmbäder und Kinos arbeiten nach festgelegten Zeiten, an die man sich halten sollte, wenn man nichts verpassen will.

Wie bei der Öffnungszeit von Geschäften oder beim Fußball ist auch bei Bildung und Anwendung der Zeiten im Englischen das meiste ziemlich genau festgelegt.

Überblick (wieder) gewinnen

Das Kapitel 'Zeiten' löst bei vielen Leuten Gefühle wie "am liebsten vergessen", "sowieso nicht zu verstehen" oder einfach "o weia" aus. Das kommt oft daher, daß die einzelnen Zeiten nacheinander über ein Jahr oder noch länger verteilt durchgenommen werden. Dann fehlt zum Schluß der Überblick.

Eben diesen Überblick bekommst du nun. In einem verblüffend einfachen Schaubild, das die Bildung **aller** Zeiten auf einen Blick wiedergibt, kannst du lernen oder einfach nachschlagen. Dann folgen die Fallen, die du mit Hilfe von einfachen Grundregeln überwinden kannst. Sobald du gelesen hast, nach welchem Prinzip die Zeitenlokomotive ihre Wege zurücklegt und was sie als Ladung befördert, kannst du die 'Zeiten' ein für allemal an den Nagel hängen.

Zeit nehmen – – Zeit sparen

Übrigens, was du jetzt zum Thema 'Zeiten' an Zeit einsetzt, spart dir Dutzende Stunden mühseliger Wiederholung, garantiert. Dazu natürlich auch eine Menge roter Striche in den folgenden Englisch-Klassenarbeiten.

Als Archie gestern in den Keller ging, fand er dort 6 Kisten und 4 Holzlatten, auf denen alle Begriffe standen, die für den Bereich 'Zeiten' wichtig sind.

Gehe du nun einmal von Kiste zu Kiste, lies dir in Ruhe die Beschriftung durch und achte auch auf das, was auf den Latten steht.

Diese Begriffe tauchen in den folgenden Kapiteln noch öfter auf. Daher kannst du diese Seite immer wieder zum Nachschlagen verwenden, wenn du einmal nicht genau weißt, wie denn der entsprechende deutsche Ausdruck für Present Perfect ist, oder wenn du ein Beispiel für das Past Tense suchst.

Passiv ist: ich werd' geschlagen
Aktiv ist: er fährt den Wagen
Progressive – wie I'm going –
drückt aus den Verlauf,
Simple ist: I buy – ich kauf'.

23 Per Expreß durch die Zeiten

Wenn du schon einmal auf einem großen Bahnhof warst, weißt du sicher, was da so los ist . . .

Züge kommen an, Züge fahren ab, Menschen stürzen völlig außer Atem in ihr Abteil, Schaffner blasen in ihre Trillerpfeifen, Gepäckträger schleppen ihre schwere Last . . . also Hektik, Hektik!

Zeitenbahnhof – Bildung aller Zeiten

Dagegen geht es auf unserem Zeitenbahnhof (Seite 140/141) viel gemütlicher zu, 2 Züge und höchstens 3 Rangiervorgänge – und du weißt alles, was zur Bildung **aller** Zeiten nötig ist.

Auf der übernächsten Seite siehst du nun 2 Bimmelbahnen, die schnaufend die Zeitenwaggons ziehen. Lok Otto zieht das Wörtchen 'be' durch alle Zeiten im Simple Active, Lok Emma das Verb 'ask' durch alle Zeiten im Simple Active.

Wie du siehst, steht Emma schon vor dem Prellbock, kann also nicht mehr weiterfahren – Endstation. Mehr brauchst du zu dieser Lok nicht zu wissen.

Otto dagegen zieht die be-Formen. An der Weiche kann er sich für eine der drei Richtungen entscheiden. Wenn du der Lokführer werden willst, mußt du erst einen kleinen Lehrgang mitmachen.

Der 1. Schritt: Du lernst die Simple Active-Formen von 'ask' zu den Zeiten, das sind insgesamt nur 8 verschiedene Formen. Diese stehen alle auf den Waggons, die von der Lok Emma gezogen werden.

Dein Zeitenlehrgang in drei Schritten

Der 2. Schritt: Du lernst alle Formen zu 'be', das sind 10 verschiedene Formen, von denen du aber sicherlich die meisten, wenn nicht alle, kennst. Diese Formen stehen auf der Lok Otto.

Der 3. Schritt: Du merkst dir 3 Formen zu 'ask', nämlich
asked – für Simple Passive
asking – für Progressive Active
being asked – für Progressive Passive.
Diese 3 Formen stehen auf den 3 Gleisen links auf dem Bild.

Zu dem Wort 'ask' gibt es jetzt aber nicht nur die Simple Active Formen, die auf Emma stehen, sondern noch 3 andere Formen, die du links auf den Gleisen siehst.

Um diese 3 Formen zu dem Wort 'ask' bilden zu können, mußt du Otto einen seiner Wagen auf eines der Gleise rangieren lassen.

Angenommen, du rangierst den Present-Tense-Waggon auf das obere Gleis, dann ergeben sich folgende Formen:

Simple Passive-Formen

I am asked
we/you/they are asked
he/she/it is asked

Beförderst du den Waggon auf das mittlere Gleis, erhältst du:

Progressive Active-Formen

I am asking
we/you/they are asking
he/she/it is asking

Fährst du schließlich auf das untere Gleis, ergibt sich:

Progressive Passive-Formen

I am being asked
we/you/they are being asked
he/she/it is being asked

Für alle anderen Zeiten gehst du genauso vor wie am Beispiel gezeigt. Aber Achtung:

Nur die beiden ersten Waggons (also Present und Past) dürfen auf das untere Gleis fahren.

Für das Wort 'ask' kannst du jedes beliebige regelmäßige Verb einsetzen.

Leiste gute Vorarbeit
und stelle dann die Weichen

**Prepare the ground well
and then shift the switch**

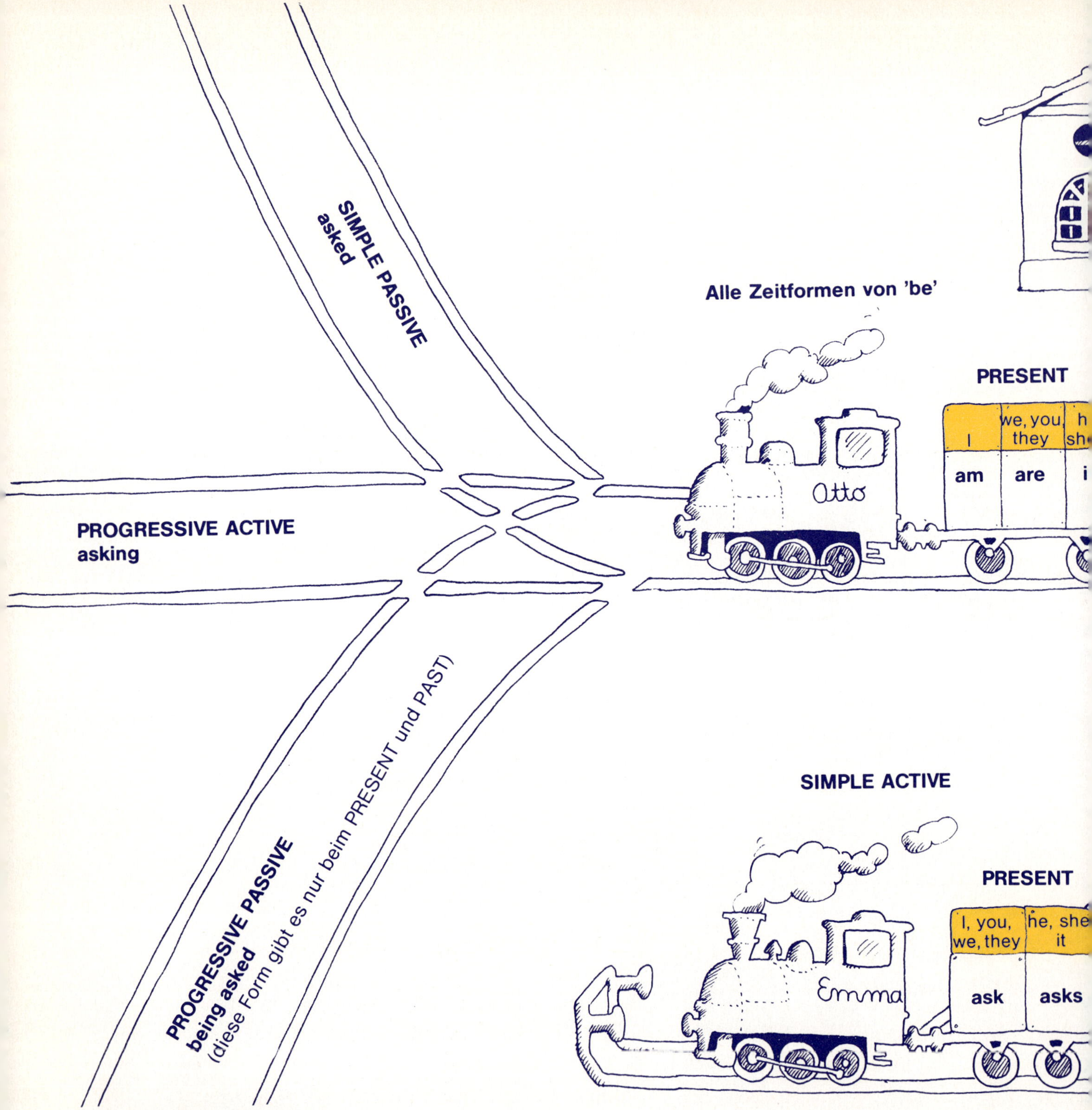
SIMPLE PASSIVE
asked
Alle Zeitformen von 'be'
PRESENT
I
we, you, they
am
are
Otto
PROGRESSIVE ACTIVE
asking
PROGRESSIVE PASSIVE
being asked
(diese Form gibt es nur beim PRESENT und PAST)
SIMPLE ACTIVE
PRESENT
I, you, we, they
he, she it
ask
asks
Emma

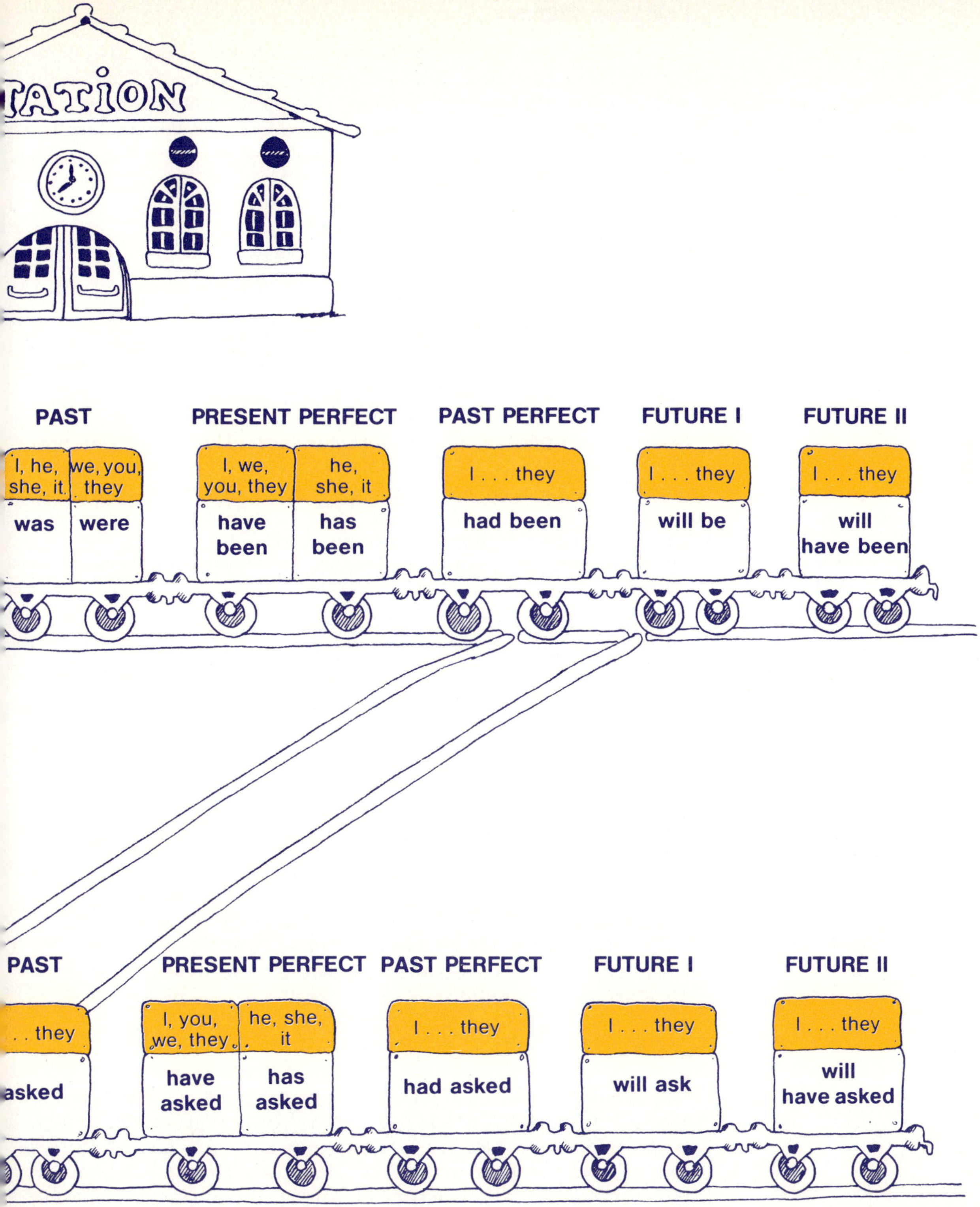
TATION
PAST
I, he, she, it
was
we, you, they
were
PRESENT PERFECT
I, we, you, they
have been
he, she, it
has been
PAST PERFECT
I . . . they
had been
FUTURE I
I . . . they
will be
FUTURE II
I . . . they
will have been
PAST
. . they
asked
PRESENT PERFECT
I, you, we, they
have asked
he, she, it
has asked
PAST PERFECT
I . . . they
had asked
FUTURE I
I . . . they
will ask
FUTURE II
I . . . they
will have asked

Lokführer-Prüfung

Ob du die Loks von jetzt an allein führen kannst, sollst du in einer Fahrprüfung beweisen: Bilde bitte die folgenden 10 Formen zu 'ask'. Überlege erst immer, mit welcher Lok du fahren mußt!

1) Past Perfect Simple Active zu 'ask': We ______ had asked
2) Present Perfect Simple Passive " : I ______ have been asked
3) Future I Progressive Active " You ______ will be asking
4) Past Tense Progressive Passive " : He ______ was being asked
5) Present Tense Simple Active " : She ______ asks
6) Future II Simple Passive " : They ______ will have been asked
7) Past Perfect Simple Active " : I ______ had asked
8) Past Tense Simple Passive " : You ______ were asked
9) Present Perfect Progressive Active " : He ______ has been asking
10) Future II Simple Active " : I ______ will have asked

So, und jetzt bilde einmal zu verschiedenen Verben die entsprechenden Formen. Behalte einen klaren Kopf und rangiere richtig. (Diesmal müssen auch unregelmäßige Verben befördert werden!)

1. Present Tense Simple Active zu 'walk' = he ______ walks
2. Past Perfect Simple Active zu 'walk' = we ______ had walked
3. Future I Simple Active zu 'play' = I ______ will play
4. Past Tense Simple Active zu 'want' = he ______ wanted
5. Present Tense Progressive Active zu 'ask' = you ______ are asking
6. Present Perfect Progressive Active zu 'clean' = she ______ has been cleaning
7. Present Perfect Simple Active zu 'play' = we ______ have played
8. Future I Simple Active zu 'like' = I ______ will like
9. Present Tense Progressive Active zu 'do' = you ______ are doing
10. Past Tense Progressive Active zu 'come' = the car ______ was coming
11. Present Tense Simple Passive zu 'ask' = I ______ am asked
12. Past Tense Simple Passive zu 'take' = I ______ was taken
13. Past Perfect Simple Passive zu 'take' = I ______ had been taken
14. Future I Simple Passive zu 'take' = we ______ will be taken
15. Present Tense Progressive Passive zu 'kiss' = I ______ am being kissed
16. Present Tense Progressive Active zu 'kiss' = I ______ am kissing
17. Present Perfect Progressive Active zu 'live' = he ______ has been living
18. Past Tense Simple Passive zu 'kiss' = he ______ was kissed
19. Past Tense Simple Active zu 'kiss' = I ______ kissed
20. Past Perfect Simple Active zu 'come' = they ______ had come

Uff, geschafft! Das war eine ganz ordentliche Konzentrationsübung – auf jedes Wort kam es an. Noch etwas Fahrpraxis, und du wirst bald schon Meister im Rangieren auf dem Zeitenbahnhof sein. Damit du dies möglichst rasch erreichst, hier noch ein Sonderangebot: Kopiere den Zeitenbahnhof von Seite 140/141 und stecke ihn ins Portemonnaie oder eine Tasche, damit du ihn bei Gelegenheit immer wieder mal ansehen kannst.

Er, sie, -s

Hier bekommst du einen Garantieschein: Wenn du nie mehr vergißt, nach he, she, it dem Verb im Present Tense ein **s** anzuhängen, vermeidest du im nächsten Schuljahr ungefähr 20 Fehler!

* Achtung, hier sind Stolperschwellen. Wenn du nicht ganz sicher bist, warum die betreffende Form so gebildet wird, schlag nach auf Seite 37 bei den Veränderungsregeln.

24 Blick in gut verpackte Zeiten

Nachdem du nun mit Emma und Otto die Waggons durch die Gegend geschleppt hast, sollst du auch erfahren, was du da eigentlich transportiert hast. Wirf nun einen Blick ins Innere der Waggons, in denen du die Simple Formen findest:

Present Perfect
1. wenn etwas in der Vergangenheit begonnen hat und in der Gegenwart immer noch so ist.
2. wenn etwas in der Vergangenheit passiert ist und das Resultat einer Handlung betont werden soll.
I **have known** him for three years.
She **has read** the book all the afternoon.
Peter **has learned** English for two years, but he can't even say a single sentence.
I **have broken** the plate. Now I can't use it any more.
Oh, I'**ve lost** my car-key. I must go on foot now.

Past Perfect
wenn zwei Vorgänge in der Vergangen-gangenheit stattfanden, von denen der eine noch vor dem anderen geschah.
My friends **had** already **gone** away, when I came to their house.

Future I
wenn etwas erst noch geschehen muß, also in der Zukunft passiert.
I'**ll go** to London next year.

Und in diesen Waggons werden die Progressive-Formen befördert:

Folgende Verben bilden normalerweise keine Progressive-Form. Es sind vor allem Verben der sinnlichen Wahrnehmung, des Denkens, Fühlens usw.: notice, see, hear, feel, know, believe, think, like, want, wish, be, seem, contain, consist, of, cost, possess, belong.

mögen, denken, hören, sehen,
selten im Progessive stehen

Nachricht aus dem Stellwerk

Message from the signal-box

25 Präzisionsarbeit im Stellwerk: Present Perfect oder Past Tense?

Werden Present Perfect und Past Tense verwechselt, sind Unfälle nicht zu vermeiden. Denn das Past Tense hat nichts mit der Gegenwart zu tun, wohl aber das Present Perfect (siehe 'Anwendung der Zeiten').

Bei abgeschlossenen Vorgängen oder Ereignissen hat nur das Past Tense freie Fahrt.

Signalwörter = Wegweiser für den Zeitengebrauch

Die wichtigste Hilfe für den richtigen Gebrauch der beiden Zeiten sind die 'Signalwörter'. Signalwörter sind Zeitbestimmungen, die nur mit einer ganz bestimmten Zeit verbunden werden dürfen.

Signalwörter und die entsprechende Zeit gehören zusammen wie Schraube und Mutter.

Wie in einem Satz mit 'tomorrow' das Futur immer richtig ist, kommt in einem Satz mit 'yesterday' nur das Past Tense in Frage. Beim Signalwort 'up to now' darf nur das Present Perfect folgen.

Signalwörter mit Past Tense

Signalwörter, die das Past Tense fordern, sind

yesterday, last night (last week, month, year, summer, . . .), the other day (neulich), in 1958, in 1982 . . ., long ago.

Signalwörter mit Present Perfect

Das Present Perfect fordern diese Signalwörter:

since (Christmas, eight o'clock), for (two weeks, a long time, three hours . . .), up to now, so far, not yet, in my life, just, ever, never

und häufig: this year/week/month, today.

yesterday, last night,
the other day
sind ein Signal,
sie stellen Past Tense
nur zur Wahl

Present Perfect
verlangt jederzeit
'since' und 'for'
in der Bedeutung
'seit'

Du mußt also sofort schalten, wenn du eines dieser Signalwörter siehst, ganz egal, welche Zeit im deutschen Satz gebraucht wird!

Eine Falle solltest du nun ein für allemal entschärfen:

"Ich **kenne** ihn schon seit fünf Jahren" heißt auf englisch:

"I **have known** him for five years".

Vom deutschen Zeitengebrauch nicht irreführen lassen

Im deutschen Satz steht das Präsens, aber im englischen Satz muß das Present Perfect stehen, weil das Signalwort 'for' auftaucht.

Ähnliches gilt für den Satz:

"Ich habe ihn gestern getroffen." Im Englischen muß er heißen: 'I met him yesterday.' Dafür sorgt das Signalwort 'yesterday'.

Wenn auch im Deutschen 'seit' mit Präsens steht, im Englischen nur Present Perfect geht!

"Blitz – Train – ing"

Im Blitz-Training geht es darum, so schnell wie möglich zu entscheiden, welches Signalwort bei welcher Zeit stehen muß. 'Blitz' heißt der Zug, weil du versuchen sollst, diese Übung in 50 Sekunden zu schaffen. (Natürlich muß auch der Blitz-Zug Signale beachten!)

Um aber eine hohe Durchschnittsgeschwindigkeit halten zu können, brauchst du kein Wort zu schreiben, sondern nur die Kreuzchen an die richtige Stelle zu setzen. Wie gut du abgeschnitten hast, wirst du dann in der Bewertungstabelle sehen, wenn du mit der Übung fertig bist.

Und jetzt: Auf die Plätze – fertig – los!

	Present Perfect	Past Tense
yesterday		
not yet		
in my life		
long ago		
since Easter		
in 1980		
so far		
last night		
for two weeks		
the other day		

Na, die Zeit ist doch sicher wie im Fluge vergangen. Hat's geklappt? Jedes richtig gesetzte Kreuzchen ergibt einen Punkt. Zähle also deine Punkte zusammen und sieh mal in der Tabelle nach, wie du abgeschnitten hast:

10 Punkte:	Rekordfahrt
8 – 9 Punkte:	Durchschnittstempo gut gehalten
5 – 7 Punkte:	Leichte Verspätung
0 – 4 Punkte:	Zug entgleist . . . (Signal übersehen!)

Laß dich nicht reinlegen
Don't let yourself be taken in

Stückgut verladen

Für die folgende Übung steht ein Güterzug bereit. Packe das Stückgut in die richtige Form:

1. I ___have lived___ (live) in this house in Oxford Street since 1978.
2. This year I ___have spent___ (spend) a lot of pocket-money, but last year I ___had___ (have) no money at all.
3. Yesterday Mr. Miller's secretary ___lost___ (lose) the key to her desk. She ___has___ not yet ___found___ (find) it.
4. The children must be very hungry; they ___have not eaten___ (not eat) much today. But yesterday they ___ate___ (eat) quite a lot.
5. Yesterday morning I ___got up___ (get up), ___dressed___ (dress), ___had___ (have) breakfast and ___went___ (go) to work.
6. Have you ever been to England? No, I ___have never been___ (never be) to England.
7. He ___finished___ (finish) a letter an hour ago.
8. We ___have read___ (read) the book; so we know it now.
9. He ___came___ (come) to see me last night.
10. I ___have not seen___ (not see) him for three years.

Hier steht der nächste Güterzug mit neuer Fracht, die von Deutschland nach England transportiert werden muß:

1. Ich arbeite schon einen Monat in diesem Büro.
2. Ich kenne ihn seit Ostern.
3. Wir haben unser Haus vor zwei Jahren verkauft.
4. Frau Müller, unsere Lehrerin, ist schon seit vier Jahren an dieser Schule.
5. Das weiß ich schon lange.

1. ____ I have worked/have been working in this office for a month. ____
2. ____ I have known him since Easter. ____
3. ____ We sold our house two years ago. ____
4. ____ Mrs. Miller, our teacher, has been at this school for four years. ____
5. ____ I have known that for a long time. ____

Hier sind zehn Container richtig zu beladen:

1. He ____went____ (go) to France last spring.
2. Mr. Purse is the bank manager. He ____has worked____ (work) at the bank for five years.
3. Here are your shoes; I ____have____ just ____cleaned____ (clean) them.
4. I ____talked____ (talk) to my former teacher the other day.
5. ____Have____ you ____seen____ (see) Mary since last Monday?
6. We ____have owned____ (own) this shop since 1972.
7. The guests ____arrived____ (arrive) yesterday and ____have left____ (leave) early this morning.
8. Last year I ____spent____ (spend) my holidays abroad.
9. I ____have____ not ____seen____ (see) a kangaroo up to now.
10. Last Christmas I ____got____ (get) a lot of beautiful presents.

26 Seit Anno Dazumal – 'for' oder 'since'?

'For' und 'since', die du als Signalwörter beim Present Perfect kennengelernt hast, werden oft verwechselt, da sie beide "seit" bedeuten.

"He has been in hospital **for** three weeks."

"She has been in hospital **since** Monday."

In beiden Fällen könntest du fragen "seit wann?" Mit dieser Frage bekommst du allerdings keine eindeutige Lösung, ob 'for' oder ob 'since' gebraucht werden muß. Um das herauszufinden, solltest du mit "wie lange?" oder "wann?" fragen.

FOR zum Zeitraum

'FOR' bezieht sich immer auf einen **Zeitraum** und steht daher bei Angaben, nach denen mit "wie lange?" gefragt werden kann:

'for **three weeks'** – wie lange? – Drei Wochen.

SINCE zum Zeitpunkt

'SINCE' bezieht sich auf einen **Zeitpunkt** und steht nur bei Angaben, nach denen mit "wann?" gefragt werden kann:

'since **Monday'** – wann? – Montag

Wochentage (Monday), Monate (October) und Jahreszahlen (1883) werden hierbei immer als Zeitpunkt gesehen.

Entscheide nun bei den folgenden Angaben, ob sie mit 'since' oder 'for' verbunden werden müssen:

1. ___since___ 1981
2. ___for___ three years
3. ___since___ Thursday
4. ___for___ two months
5. ___for___ a fortnight
6. ___since___ last year
7. ___since___ nine o'clock
8. ___since___ January
9. ___since___ 14 July 1982
10. ___for___ one year now
11. ___since___ yesterday
12. ___since___ last Wednesday
13. ___for___ many weeks
14. ___since___ Christmas
15. ___since___ seven o'clock this morning
16. ___for___ ten years

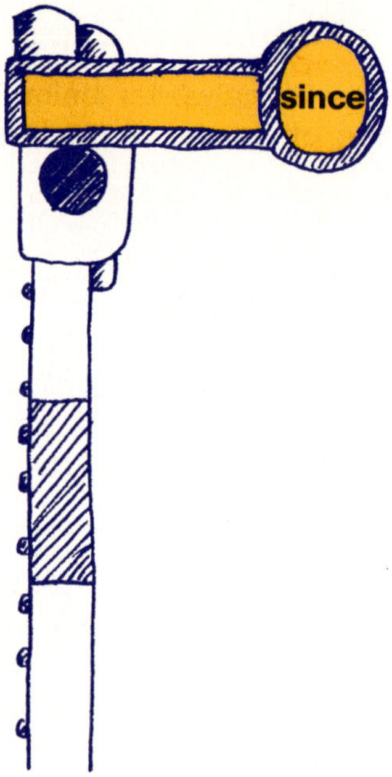

'For' oder 'since': Welches Signal muß gestellt werden?

1. I've been working in the post-office ______ for ______ a month.
2. We've been playing ______ for ______ an hour.
3. They have been living in Scotland ______ since ______ 1945.
4. That girl has been standing there ______ since ______ eight o'clock.
5. He has been in prison ______ for ______ two years.
6. I've known that ______ for ______ a long time.
7. He has worn the same jeans ______ since ______ 1981.
8. Peggy has been waiting ______ since ______ nine o'clock this morning.
9. The water has been boiling ______ for ______ ten minutes.
10. I've been using this machine ______ for ______ ten years.
11. We've been waiting ______ for ______ two hours.
12. Mr. Sick has been in hospital ______ since ______ last Sunday.
13. He hasn't spoken to me ______ since ______ Christmas.
14. We have been friends ______ for ______ several years.
15. The teachers have been on strike ______ since ______ November.
16. The strike has lasted ______ for ______ six months.
17. We've had no lessons ______ since ______ 16 March 1983.
18. Bill has been awake ______ for ______ a long time.
19. I've been awake ______ since ______ midnight.
20. I've earned much money ______ since ______ last November.

The Three Lemonade Cans

How must you place the three lemonade cans to get a three-figure number (a number like 316) that can be divided by 7?

Lösung:
Du mußt als erstes einmal die Dose mit der 6 umdrehen. Wenn Du sie dann an den Anfang stellst, ergibt sich die richtige Zahl: 931 : 7 = 133

Jetzt bist du am Zug

Now it's your turn

27 Highlife im Wartesaal

Simple oder Progressive?

So mancher hat sich schon beim Gebrauch der Progressive Form (siehe dazu auch Seite 146/147) verlaufen. Damit du in Zukunft noch sicherer wirst, Simple und Progressive Form richtig einzusetzen, solltest du dir einmal den kurzen Text durchlesen:

Klasse 9 d hat Wandertag und will per Bahn in den Zoo der nächsten Großstadt fahren. Der Zug hat Verspätung. Die Klassenlehrerin, Miss Keifing, wird immer nervöser. Sie sieht voller Schrecken: Die Schüler rennen wie Wilde den Bahnsteig entlang. **John ist gerade dabei, einen großen Stein über den Bahnsteig zu rollen. Klein Robert prügelt sich gerade mit Susy.** Und – sie traut ihren Augen nicht: **der zwölfjährige Bill ist dabei, sich eine Zigarette anzuzünden!** Das geht zu weit! Mit schriller Stimme befiehlt Miss Keifing: "Alle gehen sofort in den Wartesaal, sonst fällt der Wandertag aus."

Im Deutschen keine Progressive Form

Im Deutschen gibt es keine Progressive Form. Ein Verlauf wird im deutschen Satz mit 'er tut **gerade** etwas' oder 'sie ist **dabei**, etwas zu tun' wiedergegeben.

Merke dir deshalb als Faustregel: Wenn du im Deutschen einsetzen könntest 'ist/war gerade dabei, etwas zu tun', steht im englischen Satz die Progressive Form:

John **is rolling** a big stone along the platform. Little Robert **is fighting** with Susy. Twelve-year-old Bill **is lighting** a cigarette!

Simple Form im Englischen häufiger als Progressive Form

Im allgemeinen kommt die Simple Form öfter als die Progressive Form vor. Denn einige Verben, wie etwa 'see' und 'hear', sträuben sich ja, wie du weißt, gegen die Verlaufsform. Außerdem lassen bestimmte Zeitadverbien, die schon eine Regelmäßigkeit ausdrücken, fast nie die Progressive Form zu. Setze also die Simple Form bei: always, often, regularly, every day, every month/night/year.

Nun aber zurück zur Klasse 9 d.

Miss Keifing mußte mal gerade für ein paar Minuten aufs stille Örtchen. Was erblickten ihre entsetzten Augen, als sie den Wartesaal wieder betrat?

160 **one hundred and sixty**
160th hundred and sixtieth

When Miss Keifing entered the room . . .

1. Eric and Keith ___were playing___ (play) table tennis.
2. Robin ___was lying___ (lie) on the table and ___drawing___ (draw) a picture.
3. Dora and Patrick ___were dancing___ (dance).
4. Betsy ___was playing___ (play) the flute.
5. Matthew ___was lying___ (lie) under a table.
6. Brian ___was sitting___ (sit) by the window and ___reading___ (read) a book.
7. Kim ___was standing___ (stand) in the corner of the room and ___drinking___ (drink) lemonade.
8. Ben ___was eating___ (eat) a hamburger.
9. Daniel ___was wearing___ (wear) his swimming-suit and ___standing___ (stand) on two chairs.
10. Karen ___was jumping___ (jump) and ___laughing___ (laugh).
11. Kevin ___was playing___ (play) the guitar.
12. Ralph ___was holding___ (hold) a curtain in his hand.
13. A ball and a chair ___were lying___ (lie) on the floor.
14. Oscar ___was sleeping___ (sleep).
15. Pamela ___was drinking___ (drink) tea.

Miss Keifing ist sauer. Zur Strafe für das Tohuwabohu im Wartesaal läßt sie am nächsten Tag eine Übersetzung schreiben.

Wenn du den armen Tröpfen dabei helfen willst, bekommst du noch einen Tip, den Miss Keifing ihren Schülern boshaft verschwiegen hat:

Unterscheide zwischen Ereignissen oder Vorgängen, die

1. gerade im Augenblick ablaufen (= Progressive Form)	Er sieht gerade fern. He's watching television.
oder	
2. regelmäßig vorkommen (= Simple Form)	Er sieht oft fern. He often watches television.

1. Wir gehen gerade ins Kino. – Wir gehen oft ins Kino.
2. Ich lese gerade ein Buch über Pferde. – Ich lese jeden Tag ein Buch über Pferde.
3. Er wohnt zur Zeit im Hotel. – Er wohnt oft im Hotel.
4. Sie spielen gerade Schach. – Sie spielen oft Schach.
5. Mary frühstückt gerade. – Mary frühstückt jeden Morgen um 8 Uhr.
6. Peter macht gerade Hausaufgaben. – Peter macht jeden Nachmittag seine Hausaufgaben.
7. Mr. Miller ißt gerade ein Ei. – Mr. Miller ißt jeden Morgen ein Ei.
8. Sie fährt gerade mit dem Bus zur Schule. – Sie fährt immer mit dem Bus zur Schule.
9. Sie baden gerade. – Sie baden jeden Tag.
10. Er wäscht gerade sein Auto. – Er wäscht jeden Samstag sein Auto.

Lösungen:
1. We are going to the cinema. – We often go the cinema.
2. I'm reading a book about horses. – I read a book about horses every day.
3. He is living in a hotel. – He often lives in a hotel.
4. They are playing chess. – They often play chess.
5. Mary is having breakfast. – Mary has breakfast every morning at 8 o'clock.
6. Peter is doing his homework. – Peter does his homework every afternoon.
7. Mr. Miller is eating an egg. – Mr. Miller eats an egg every morning.
8. She is going to school by bus. – She always goes to school by bus.
9. They are having a bath. – They have a bath every day.
10. He is washing his car. – He washes his car every Saturday.

Jetzt bist du für das Formentraining in Hochform. Bestimmt kannst du die passenden Past Tense-Formen einsetzen (Simple oder Progressive). Allerdings sind hier ein paar weitere Feinheiten zu beachten.

1. Mary ___was playing___ (play) the piano, when Peter ___came___ (come) into the room.
2. Unfortunately I ___missed___ (miss) the bus last Wednesday.
3. While the pupils ___were writing___ (write) an essay, their teacher ___was reading___ (read) a newspaper.
4. Yesterday I ___found___ (find) a coin in the street.
5. John always ___went___ (go) to school by bike.
6. Last summer it ___rained___ (rain) nearly every day.
7. I ___spent___ (spend) a wonderful holiday in Greece last year.
8. The Prime Minister of Great Britain ___arrived___ (arrive) in Bonn yesterday.

Mit heißem Draht ist gut durchkommen

A hot line helps getting through

28 Im Passiv 'wird' verwirrt

Zum Schluß wird der Lok noch einmal kräftig eingeheizt. Sie wird ihr Ziel bald erreichen.

Bei "werden" aufpassen

Damit du bei Übersetzungen, selbständigem Schreiben von Sätzen oder bei mündlichen Stellungnahmen nicht weiter von 'werden' verwirrt wirst, sieh dir einmal die Tabelle an:

er wird beobacht**en** he will watch	er wird beobacht**et** he **is** watch**ed**
will + Infinitive = Future I Active	be + Past Participle = Present Passive

Achte nun in Zukunft darauf, ob eine Person selbst etwas tut (Aktiv), oder ob etwas mit einer Person geschieht (Passiv).
So kannst du ärgerliche Verwechslungen vermeiden.

Passiv fordert Past Participle

Denke daran: Du brauchst in einem Passivsatz das Past Participle, also entweder –ed, oder bei unregelmäßigen Verben die 3. Form.

In der englischen Sprache kommen Passivsätze bedeutend häufiger vor als in der deutschen Sprache, die Aktivsätze und 'man' – Konstruktionen vorzieht:

Englisch Passiv – Deutsch oft Aktiv oder "man"

We were given tickets for a pop concert.
Wir bekamen Karten für ein Popkonzert.

They were asked to be quiet.
Man bat sie, ruhig zu sein.

Die Person, die etwas verursacht hat, wird oft weggelassen, weil sie unbekannt oder unwichtig ist. Willst du die handelnde Person aber doch nennen, dann ist sie im Passivsatz automatisch betont. Du setzt sie ganz ans Ende und verbindest sie mit 'by':

The picture was painted **by** Picasso.

Nun vergleiche zum Schluß die folgenden Sätze und achte besonders auf die Pronomen am Anfang der englischen und der deutschen Sätze:

Ihr wurde schnell geholfen. – She was quickly helped.

Uns wurden billige Schallplatten verkauft. – We were sold cheap records.

Ihnen wird ein Film gezeigt. – They are shown a film.

Du siehst: Im Deutschen steht hier das Pronomen immer im Dativ (Wemfall), im Englischen aber muß der Nominativ gebraucht werden.

Die Verben, mit denen solche Konstruktionen am häufigsten auftreten, sind:

give, offer, help, sell, show, bring.

Und genau dies sollst du nun üben. Rangiere bitte die folgenden Sätze ins Passiv. Achte dabei auf die Zeiten!

Beispiel:
Mother gave me an apple.
I was given an apple by Mother.

1. Mary offered him a piece of chocolate.

   He ______________________________.

2. Mr. Miller has shown us some beautiful photos of Sydney.

   We ______________________________.

3. The grocer had sold her a pound of pears.

   ______________________________.

4. The postman brought us a letter.

   ______________________________.

5. Janet sent him a postcard.

   ______________________________.

???? At The Station-clock

Mr. Donald, Mrs. Stuart, Mr. Wilson and Mrs. Bentley have just parked their cars in front of the railway-station.

They will be back in some minutes.

In the meantime you will certainly find out which of the four cars belongs to which person. Therefore you need the following information:

Mr. Donald did not park his car directly beside Mrs. Stewart's car, but it is standing directly beside the station-clock like Mr. Wilson's car. Mrs. Bentley's car has four doors.

Lösung: Von links nach rechts = Mrs.Stewart – Mr.Wilson – Uhr – Mr.Donald – Mrs.Bentley.

Scharf aufgepaßt

Keep a sharp lookout

29

HAVE – ein Werkzeug für viele Zwecke

Das kann man bei dem Wörtchen 'have' schon sagen. Es ist eine der häufigsten Vokabeln der englischen Sprache – fast ein "Allesschneider". Das liegt ganz einfach daran, daß es auf verschiedenste Weise verwendet werden kann:

Hilfsverb beim Present Perfect

1. als Hilfsverb zur Bildung des Present Perfect:
   I **haven't** taken the bus since they raised the fares.

"besitzen"

2. in der Bedeutung 'besitzen':
   My eldest sister **has** a second-hand car.

Wendungen

3. in bestimmten Wendungen:
   He **has breakfast** at 8 o'clock every morning.
   Er frühstückt jeden Morgen um 8 Uhr.

   Andere wichtige Wendungen sind:
   to have a bath = baden
   to have a wash = sich waschen
   to have a swim = schwimmen
   to have a look = schauen
   to have a talk (with) = sich unterhalten (mit)
   to have a rest = sich ausruhen
   to have tea / toast = Tee trinken / Toast essen

"müssen"

4. in der Bedeutung 'müssen':
   You'll **have to** get up earlier in future.
   In Zukunft mußt du früher aufstehen.

etwas machen lassen

5. in der Bedeutung 'etwas machen lassen' = have something done.
   I never wash my car. I always **have** it washed.
   Ich wasche mein Auto nie (selber). Ich lasse es immer waschen.

Eine Fehlerquelle bei dem Wort 'have' liegt darin, daß es bei Frage und Verneinung nicht immer mit 'to do' umschrieben wird. In den Fällen 1. und 2. gibt es keine do-Umschreibung; in allen anderen Fällen ist ein vergessenes do in Frage und Verneinung leider ein Fehler.

Nun die Aufgabe: Bitte 'have', den Allesschneider, benutzen, passendes Werkzeug ausklappen – richtig handhaben!

1. Hast du einen Fußball? – Nein.
2. Er muß das Auto jetzt nicht waschen.
3. Ich habe ihn noch nicht gesehen.
4. Sie läßt das Haus nicht streichen.
5. Badet Peter jeden Tag?

1. Have you a football? – No, I haven't.

2. He does not have to wash the car now.

3. I have not yet seen him.

4. She does not have the house painted.

5. Does Peter have a bath every day.

30 Zahlen bitte!

Die Zahlen findest du ausgeschrieben unten auf jeder Seite dieses Buches – das hast du bestimmt längst gemerkt. Hier noch einmal für dich die Fälle, in denen der Fehlerteufel oft zuschlägt:

four = 4 **fou**rteen = 14	**aber**	**fo**rty = 40
fi**v**e = 5	**aber**	fi**f**teen = 15 fi**f**ty = 50

100

hundert	**a** hundred

500

fünfhundert	five hundre**d** **(ohne 's'!)**

2 000 000

2 Millionen	two millio**n** **(ohne 's'!)**

1/2

Ein halbes Pfund Butter	half **a** pound of butter

172 **one hundred and seventy-two**
172nd hundred and seventy-second

31 News von der Plural-Polizei

"Kannst du mir mal zwei Räte geben?" – Wer Archie diese Frage stellt, bekommt wahrscheinlich keinen Strafzettel, sondern wird ein breites Grinsen auf seinem Gesicht sehen. Denn normalerweise bittet man eine Person um Ratschläge. Räte dagegen sind Personen, die im Rathaus sitzen. Im Deutschen läßt sich also nicht zu jedem Wort der Plural regelmäßig bilden. Ähnliches gibt's auch im Englischen.

Unregelmäßige Pluralbildung

Wie du weißt, kann man zu einem Wort wie "house" Singular und Plural bilden, wobei das Verb entsprechend verändert wird:

This house **is** new.
These house**s are** new.

Leider gibt es nun einige Substantive, mit denen du nicht so einfach umgehen kannst wie mit "house". Wenn du die folgenden vier Punkte genau durchliest, wirst du auch im Englischen keinen Strafzettel von der Plural-Polizei bekommen.

Substantiv im Singular – Verb im Plural

1. Einbahnstraße beachten: Die Substantive "police", "people" (=Leute) und "cattle" stehen immer im Singular. Sie können keinen Plural bilden. Trotzdem muß das dazugehörige Verb **immer** im Plural stehen:

   The police **are** waiting for the robber.

Substantiv mit Plural -s, aber Verb im Singular

2. Vorsicht, Gegenverkehr: Es gibt Substantive, die ein Plural -s haben, aber trotzdem wie ein Wort im Singular behandelt werden. Diese Substantive sind

   a) die Unterrichtsfächer mathematics, physics, politics, economics:
   Mathematics **is** my favourite subject.

   b) das Wort "news": Here **is** the news.

Abstrakte Begriffe im Singular

3. Rote Ampel nicht überfahren: Alle abstrakten Begriffe (abstrakt ist, was du nicht sehen oder anfassen kannst) können nur in der Form des Singulars stehen, haben also nie ein Plural -s; zum Beispiel information, knowledge, advice, progress.

Das Verb steht bei diesen Worten ganz einfach im Singular.

> "Meine Spanisch**kenntnisse sind** dürftig"
> heißt
> "My **knowledge** of Spanish **is** poor."

Beachte bitte auch, daß bei diesen Substantiven kein unbestimmter Artikel stehen darf. "Ein Ratschlag" wird mit "some advice" umschrieben, "eine Information" mit "a piece of information" wiedergegeben.

4. Zweispurig fahren: Nur im Plural stehen Gegenstände, besonders Kleidungsstücke, die aus zwei Teilen bestehen wie jeans, trousers, pyjamas, shorts, glasses, scissors.
   Das Verb steht hier immer im Plural:

> Egons Hose **ist** schmutzig.
> Egon's trousers **are** dirty.

Berta 12, bitte kommen!

Über den Plural-Polizeifunk sind Sätze nicht vollständig angekommen. Manchmal gab es leider ein starkes Rauschen. Kannst du die Störung nachträglich beheben?

1. The police sometimes _____ make _____ arrests. (make)

2. Mathematics _____ is _____ my favourite subject at school. (be)

3. The cattle _____ are _____ grazing. (be)

4. That's a useful _____ piece _____ of information.
   (Welches Wort muß hier unbedingt stehen?)

5. The people _____ like _____ watching football-matches. (like)

6. The news _____ is _____ broadcast at 1 o'clock. (be)

7. It is very hot today, Peter is wearing shorts. But the shorts _____ are _____ much too long. (be)

Halte dich auf dem Laufenden

Keep yourself informed

176 **one hundred and seventy-six**
176th hundred and seventy-sixth

32

Steigerung – wer bietet mehr?

Um das richtige Licht in die Steigerung zu bringen, hat Archie einige Lampen zu versteigern. Schau dir die Sachen doch mal an:

1. a small man
   a small**er** boy
   the small**est** person in the world

2. a beautiful flower
   a **more** beautiful present
   the **most** beautiful park in the city

Kurze Adjektive auf -er, est

Einmal gibt's also die Steigerung auf **-er, -est,** und zwar bei allen Adjektiven, die kurz sind: small, clean, tall . . .

Lange Adjektive mit more, most

Und dann gibt's noch die Steigerung mit **more** und **most** bei Adjektiven, die lang sind: beautiful, important, difficult . . .

Leider sind da aber auch so einige Adjektive, bei denen man nicht sofort eindeutig sagen kann, ob sie wie kurze oder wie lange Adjektive gesteigert werden. Das sind alle, die zweisilbig gesprochen werden. Von diesen werden wie 'small' gesteigert:

Zweisilbig gesprochene Adjektive mit Endungen -y, -er, -le, -ow wie "small"

1. craz**y**, clev**er**, nob**le**, narr**ow**
   und alle zweisilbig gesprochenen Adjektive, die die **gleiche Endung** haben wie eines dieser vier Wörter.

2. quiet und remote

Alle übrigen Adjektive, die diese Voraussetzung nicht erfüllen, kannst du mit 'more' und 'most' steigern.

Zum Schluß wird dieser Merkspruch noch versteigert:

A **crazy** horse and a **clever** fox meet a **noble** bear on a **narrow** bridge.

Und nun noch eine Steigerungsübung. Zum ersten, zum zweiten, zum dritten . . .

Zum ersten . . .

	1. Steigerungsstufe (Komparativ)	2. Steigerungsstufe (Superlativ)
simple	simpler	simplest
dirty	dirtier	dirtiest
hopeful	more hopeful	most hopeful
hollow	hollower	hollowest
quiet	quieter	quietest
pretty	prettier	prettiest
pleasant	more pleasant	most pleasant

Zum zweiten . . .

	1. Steigerungsstufe (Komparativ)	2. Steigerungsstufe (Superlativ)
friendly	friendlier	friendliest
clever	cleverer	cleverest
cheap	cheaper	cheapest
excellent	more excellent	most excellent
evil	more evil	most evil
secret	more secret	most secret
careful	more careful	most careful
remote	remoter	remotest

Zum dritten!

	1. Steigerungsstufe (Komparativ)	2. Steigerungsstufe (Superlativ)
probable	more probable	most probable
healthy	healthier	healthiest
safe	safer	safest
expensive	more expensive	most expensive
comfortable	more comfortable	most comfortable
crowded	more crowded	most crowded
noisy	noisier	noisiest
jealous	more jealous	most jealous
hot	hotter	hottest

Setze die Adjektive in den Superlativ:

1. The ______ (long) operation lasted 47 hours.

2. The ______ (large) and ______ (heavy) animal is the blue whale.

3. The ______ (tall) animal is the giraffe.

4. The ______ (successful) pop groups so far have been the Beatles and Abba.

5. The ______ (expensive) pocket watch was sold for £ 94,000.

6. The ______ (old) and ______ (valuable) book is the Gutenberg Bible.

7. Muhammed Ali has been the ______ (famous) boxer of all time.

8. Japan has the ______ (busy) railway system in the world.

Elephants

There are two kinds of elephants – the African and the Indian. The African elephant is larger and darker; it also has larger ears. Both can be tamed, but the Indian elephant is more easily trained to do work. An African elephant usually sleeps standing, but its Indian cousin usually sleeps lying down.

How To Ferry A Wolf, A Goat, And A Cabbage

A man was on the bank of a river. He had with him a wolf, a goat, and a cabbage. He wanted to ferry them to the other bank. His boat, however, was so small that he could only take one of the three at a time. But he wanted to keep the wolf from eating the goat, and he wanted to keep the goat from eating the cabbage.

How did he manage to do it?

Lösung: Zuerst transportierte er die Ziege hinüber und ließ Wolf und Kohlkopf zurück. Dann brachte er den Wolf ans andere Ufer und nahm die Ziege wieder mit zurück.
Dann ließ er die Ziege allein zurück und transportierte den Kohlkopf hinüber, den er beim Wolf liegenließ. Zum Schluß holte der Mann dann die Ziege.

33 Du, ring mit while!

Als Ringrichter kannst du schon mal den Überblick verlieren, ob 'during' oder 'while' im Vorteil ist, weil beide 'während' heißen. Um in Zukunft diese beiden sicher im Griff zu haben, mußt du dir nur merken:

during + Substantiv	during	bezieht sich auf ein Substantiv: **During my holidays** I visited London.
while + Teilsatz	while	bezieht sich auf einen von zwei Teilsätzen: Father was doing the dishes, while **Mother was reading the newspaper.**

Setze nun in den folgenden Sätzen die richtige Form ein:

1. Teachers do not smoke ____during____ English lessons.
2. Mary was reading a book ____while____ Peter was watching TV.
3. John fell asleep ____while____ playing the guitar.
4. ____During____ the night most people sleep.
5. We will take a lot of pictures ____during____ our next holiday.
6. Jeff told me an exciting story ____while____ I was eating.

Daher der Name: Cowboy

Cowboy!
That accounts for the milk in the coconut

34

Erste Hilfe bei der Hilfsverben-Rallye

Can, may, must

Heute sind "können", "dürfen" und "müssen" zu verarzten.

Es soll ja Leute geben, die sagen, daß Hilfsverben deshalb so heißen, weil man bei ihrem Auftauchen nur noch "Hilfe" schreien kann. – Den Leuten kann geholfen werden.

Wenn du die Wörtchen 'can', 'may', 'must' näher unter die Lupe nimmst, fährst du ohne Risiko. Mit Hilfe dieser kleinen Hilfsverbentafel kommst du so schnell nicht mehr ins Schleudern:

Hilfsverb	Verneinung	Past Tense	Bildung aller übrigen Zeiten mit den Ersatzverben:
can = können	cannot	could (not)	to be able to
may = dürfen	**must not**	was/were (not) allowed to	to be allowed to
must = müssen	**need not**	had to/did not have to	to have to

Was kann dich überhaupt ins Schleudern bringen?

"nicht müssen" = need not

1. Ölspur: Das Hilfsverb wird falsch verneint. In der Tabelle siehst du, daß die Verneinung zu 'must' . . . 'need not' heißen muß.
'I must not' bedeutet: "Ich **darf** nicht."

Hilfsverbenskala nennt Ersatzverben

2. Glatteis: Die Hilfsverben 'can', 'may', 'must' können nur im Present Tense gebraucht werden. Was aber, wenn du das Past Tense oder das Present Perfect bilden willst? – Ein Blick auf die Hilfsverbenskala, und du bist im Bilde. Das Past Tense zu 'can' heißt 'could', das Present Perfect wird mit 'to be able to' gebildet, also zum Beispiel: 'I have been able to . . .',

3. Aquaplaning: 'have to' = "müssen" wird in Frage und Verneinung mit 'to do' gebildet: You **don't** have to do the dishes.

4. Reifenplatzen: 'Ich kann Englisch' heißt: I can **speak** English. Also das Vollverb, hier 'speak', nie vergessen.

In Zweifelsfällen kurz auf der Skala vergewissern!

Probefahrt im flotten Schlitten

Schreibe bitte in Englisch auf, was du bei diesen Schildern nicht tun darfst:

1. You arn't allowed to ______ You must not turn left.

2. ______ You must not ride a bike.

3. ______ You must not turn right.

Beim nächsten Boxenstop versuche herauszufinden, welche der drei unterstrichenen Formen am besten in den Satz paßt!

1. Put on the light. I can't/must not/need not read in the dark.

2. Tom must/may/can play the guitar very well.

3. We couldn't/were not allowed to/did not have to understand what the policeman said.

4. I have not been able/have not been allowed/have not had to jump 1 meter high up to now.

Lösung: 1. can't 2. can 3. couldn't 4. have not been able to

Bei guter Übersetzung Drehzahl erhöhen!

1. Ich durfte gestern nicht ins Kino gehen.
2. Bis jetzt konnte er mir das Problem nicht erklären.
3. Sie mußte das Auto nicht waschen.
4. Sally kann Französisch.

I was allowed to

1. ______________________________ I was not allowed to go to the cinema yesterday.

Til yet I am not able to

2. ______________________________ He has not been able to explain the problem to me up to now.

She needn't

3. ______________________________ She did not have to wash the car.

sally is ~~able~~ can

4. ______________________________ Sally can speak French.

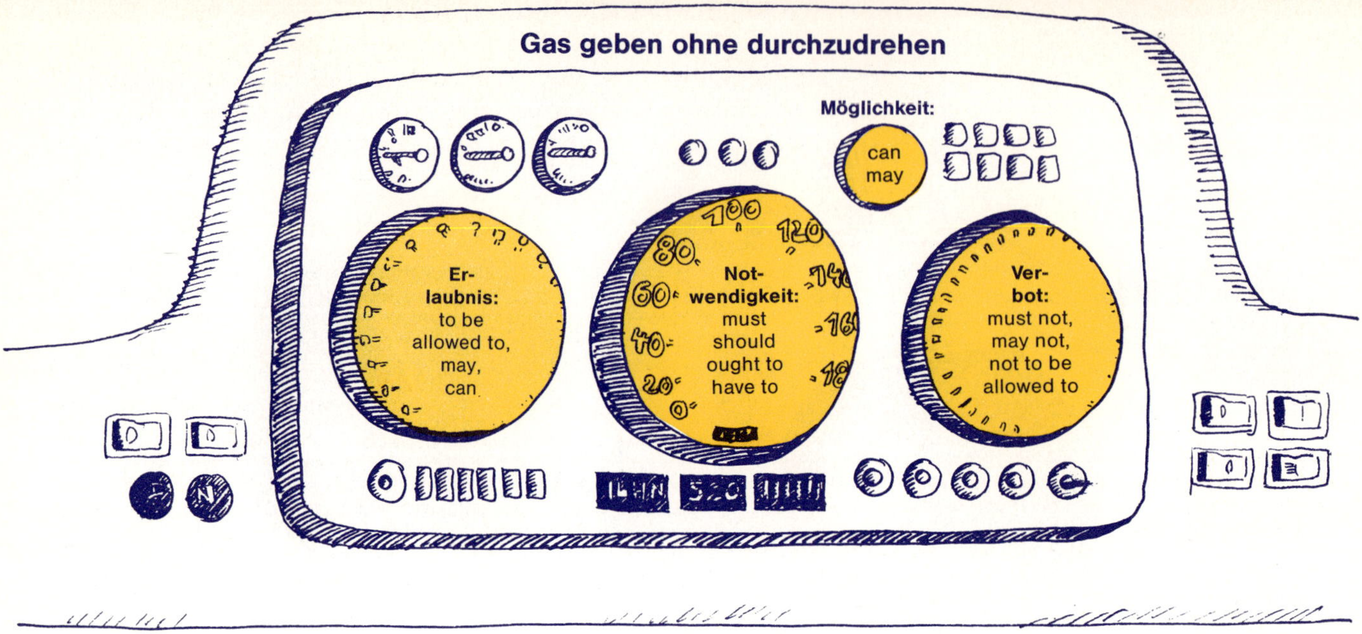

Verboten oder zugelassen?

Sicherlich gibt es vieles, was du machen darfst:
You **may** read your essay about London at school.

Manches darfst du aber bestimmt nicht tun:
Your **must not** sleep during English lessons.

Wo würdest du deine Kreuzchen setzen?

I	may	must not	write on the walls.
I	must not	may	smoke in bed.
I	may	must not	lay my feet on the table.
I	may	must not	drink beer.
I	must not	may	eat sweets.
I	may	must not	dance in the kitchen.
I	must not	may	sing in the bathroom.
I	must not	may	watch TV while having a shower.
I	may	must not	have lunch with my headphones on.
I	must not	may	paint the washing-machine.
I	must not	may	play with my friends on Sunday afternoon.
I	may	must not	sell my schoolbooks.

'need not' oder 'must' – weches paßt?

Fred ist sauer. Er möchte nochmal acht Jahre jünger sein, so alt wie sein Bruder Jimmy, der gerade vier Jahre alt geworden ist. Denn der führt, meint Fred, ein beneidenswertes Leben. Fred muß so viele Dinge erledigen, während Jimmy in aller Ruhe spielen kann.

Wenn du in der folgenden Geschichte 'must' oder 'need not' einsetzt, wirst du Fred (vielleicht) verstehen:

I'm so old. I'm too old. – Every morning I __________ get up at 7 o'clock in the morning. Jimmy __________ get up so early. He can sleep as long as he wants. Then I __________ go to school nearly every day. Jimmy __________ work so much as I __________. He __________ learn English vocabulary, think about problems in mathematics and he __________ tell a biology teacher anything about the way of living of a fat and stupid cow. I think Jimmy does not even know what the word 'school' means.

When I come back from school, I watch Jimmy who is playing in the garden. He __________ do any homework at all. But I __________ admit that his life will change in no more than 2 years, when he will have to go to school as I __________ now, so that I __________ be so angry any more.

Wähle aus oder wähle

Choose or dial

Tricksen mit Können

Im letzten Jahr war Trixie bei ihrer Tante in Nottingham. Ihre Tante ist 55, hat eine strenge Erziehung genossen und ist in einigen Bereichen etwas pingelig. Wie Trixie ihre Tante trotz vieler Verbote einmal überlisten konnte, erzählt diese kleine Geschichte.

Damit sie vollständig wird, mußt du nun in die Lücken die richtigen Formen von 'have to', 'be allowed to' und 'be able to' einsetzen. Denke bitte daran, daß das Ganze im letzten Jahr war, also nur **eine** Zeit in Frage kommt!

When Trixie was in Nottingham last year, she ___had to___ go to bed at eight o'clock every day. She ___was___ not ___allowed to___ eat as much as she wanted to. Her aunt ___was___ not ___to___ ___able___ walk so fast as Mary. So Trixie ___had to___ go slower than she was used to. Trixie was very surprised when she ___allowed to___ ___was___ buy herself a big ice, because her aunt usually was a little bit stingy (knickerig, geizig). Trixie ___had to___ do the dishes twice a day, though there was no kind of work Trixie hated more. But one day she ___was able to___ outwit her aunt. She said she felt very sick and ___had to___ go to bed immediately. So Aunt Agatha ___had to___ do the dishes quite alone.

Trixie went out of the kitchen, but she did not go to bed. She secretly left the house without making any noise, so that her aunt ___was___ not ___able to___ stop her. In this way Trixie ___was able to___ spend a wonderful evening in the cinema.

Dollars per Post

Here you see stamps from different English-speaking countries. On each stamp you can read how much it costs at the post office. How much must you pay for all the stamps in German marks?

For your information:
$ Australia: 1 Dollar = 100 cents = 2,40 DM
$ Hongkong: 1 Dollar = 100 cents = 0,50 DM
$ USA: 1 Dollar = 100 cents = 2,50 DM

Your sum (in German marks):

DM ? ? ?

Lösung: Neun D-Mark, fünfundneunzig Pfennige

35 By Airmail in die weite Welt

Martina ist ganz aus dem Häuschen. Zu ihrem dreizehnten Geburtstag bekam sie ein kleines, unscheinbares Päckchen aus Kanada. Gleich am Frühstückstisch öffnete sie es. Und nun zeigt sie ihren Klassenkameraden eine kleine knöcherne Tierfigur, handgeschnitzt von kanadischen Indianern. Alles staunt: "Mensch, woher hast du das denn?" Und Martina erzählt, daß sie ihrer Freundin Nancy im westkanadischen Vancouver in ihrem ersten Brief von ihren Interessen und Hobbies geschrieben hatte. Daß sie Tiere besonders mag, hatte sie auch erwähnt.

Schreib' mal einen Brief auf Englisch

Begonnen hatte es mit der Brieffreundschaft ein halbes Jahr zuvor. Martinas Englischlehrer hatte die Klasse gefragt, wer denn Lust habe, mit einem Briefpartner auf Englisch in Verbindung zu treten. Obwohl Martina damals gar nicht wohl zumute war – sie hatte noch nie einen Brief auf Englisch geschrieben –, bat sie ihren Lehrer um die Adresse. Nach langem Grübeln, was sie denn überhaupt schreiben solle, und nach einigem Tüfteln, ob sie nicht zuviele Fehler mache, setzte sie sich schließlich einfach hin und schrieb, was ihr einfiel. Zwei Wochen später war die Antwort da, und von nun an ging etwa alle zwei Wochen ein Brief über den Ozean, 10 000 Kilometer weit weg.

Bloß keine Scheu vor Fehlern!

Inzwischen hat Martina auch gar keine Scheu mehr, Fehler zu machen. Sie sagt sich: "Natürlich sind Fehler drin, aber darauf kommt es bei Brieffreundschaften ja nun wirklich nicht in erster Linie an. Bevor ich gar nicht schreibe, lieber so, wie ich es kann. Außerdem kann Nancy überhaupt kein Deutsch. Sie muß an ihrer Schule Französisch lernen und weiß selbst, wie schwierig es manchmal ist, sich in einer Fremdsprache auszudrücken."

Globetrotter per Post

Wäre es nicht auch für dich ganz toll, einen Briefpartner im Ausland zu haben? Schnell hast du die Gelegenheit, Briefmarken oder Postkarten zu tauschen, Gleichaltrige aus einem ganz anderen Teil der Welt kennenzulernen. Und: Nicht selten ist es dann einmal soweit, daß ihr euch gegenseitig besucht.

Wähle nun ein oder zwei Lieblingsländer aus der Liste und eine der Brieffreundschaftsorganisationen (Adressen siehe Seite 195/196), und ab geht die Post – by airmail in die weite Welt.

192 **one hundred and ninety-two**
192nd hundred and ninety-second

Hier die Länder, für die zum Beispiel der 'International Youth Service' englischsprechende Briefpartner vermittelt:

Argentina	Iran	Pakistan
Australia	Iraq	Panama
Bangladesh	Iceland	Peru
Barbados	Ireland	the Philippines
Belize	Israel	Portugal
Brasil	Italy	Singapore
Cameron	Jamaica	South Africa
Canada	Japan	South Korea
Chile	Jordan	Sri Lanka (Ceylon)
Colombia	Kenya	Sudan
Costa Rica	Kuwait	Sweden
Cyprus	Lebanon	Syria
Denmark	Liberia	Tanzania
Egypt	Macao	Thailand
Finland	Malawi	Trinidad
Gambia	Malaysia	Tunisia
Ghana	Malta	Turkey
Greece	Mexico	Uganda
Great Britain	Morocco	USA
Guyana	New Zealand	Venezuela
Hong Kong	the Netherlands	Zambia
India	Nigeria	Zimbabwe
Indonesia	Norway	

Take the initiative

Und so wird's gemacht:

1. Du suchst dir eine der unten angegebenen Organisationen aus.

2. Du schreibst eine Postkarte an diese Organisation:

> Dear Sirs,
>
> I'm a ____ -year-old girl (boy)
> and would like to get the address
> of an English-speaking pen-friend.
> My hobbies are ________________."
>
> Yours sincerely
>
> (Unterschrift)

Absender bitte nicht vergessen, ausreichend Porto aufkleben.

3. Nach ein bis zwei Wochen bekommst du Antwort. Je nach Organisation darfst du dann einen Wunschzettel ausfüllen oder bekommst direkt Antwort von einem Briefpartner. Manchmal kostet die Vermittlung einen kleinen Betrag – so um die zwei Mark pro Adresse. Beim International Youth Service, der die größte Auswahl an Briefpartnern für Schüler hat, mußt du mindestens vier Adressen anfordern und bezahlen. Wenn du dich mit Freunden oder Klassenkameraden zusammentust, erhältst du auch Adressen umsonst (zum Beispiel schickt der International Youth Service bei zwanzig bezahlten Adressen sechs Stück umsonst dazu).

   Vielleicht machst du mal im Englischunterricht den Vorschlag – wenn viele mitmachen, ist's noch spannender.

Adressen von Brieffreundschaftsorganisationen:

– International Youth Service
  Post Box 125
  SF – 20101 TURKU 10
  Finland

  Bemerkung: sehr zuverlässig, spezialisiert auf Schüler und Jugendliche.

- International Friendship League
  22 Batterymarch
  BOSTON – Massachusetts 02109
  U.S.A.

  Bemerkung: vermittelt für Deutsche kostenlos.

- Letters Abroad
  109 East 56th street
  New York – N.Y. 100 22
  U.S.A.

  Bemerkung: Vermittelt nur an Briefpartner in den USA, Mindestalter 16 Jahre.

Und so kann Dein Brief aussehen

Deine Adresse
Datum

Begrüßung

BRIEFTEXT:
Du stellst dich vor: Name, Alter oder Geburtsdatum, Wohnort, Wohnung, Schule, liebste Schulfächer, Interessen und Hobbies.

Schluß

Unterschrift

Und dies war Martinas erster Brief an ihre Brieffreundin Nancy in Kanada:

Martina Metzger
Beckerstraße 102
D-1000 Berlin 41
West Germany

18 September 1982

Dear Nancy,

My teacher gave me your address. I am very glad to be your pen-friend. It's nice to have a friend in a country so far away.

I think you first want to know something about myself.
I am twelve years old. I live in Berlin with my parents.
We live in a flat not far away from the city centre.
I have had a room of my own for one year now.

My hobby is collecting posters and postcards. Besides that I play ping-pong in a club once a week. I like animals very much, but my parents say it isn't good for a dog or cat to live in a flat.

I go to a "Realschule". My favourite subjects are mathematics and geography. I don't like the history lessons because our teacher is too strict.

I'm sending you a postcard of Berlin. In my next letter I'll send a photo of myself and my family. My mother took photos only yesterday.

I hope you will write soon.

Your friend

Martina

Alphabetischer Lotsendienst

Verwendete Literatur

Allen, W.S.	Living English Structure, Longman, London 1974.
Arbeitsgemeinschaft Lernmethodik	So macht lernen Spaß, Beltz, Weinheim 1980.
Bischoff, G.	Speak You English? Programmierte Übung zum Verlernen typisch deutscher Englischfehler, Rowohlt, Hamburg 1979.
Bodenschatz, H.	Englisches Lernwörterbuch zur Textanalyse, Diesterweg, Frankfurt/M. 1980.
Brinkmann, K.	Englische Diktatstoffe, C. Bange, Hollfeld 1970.
Brinkmann, K.	Fehlerquellen im Englischen, C. Bange, Hollfeld 1971.
Close, R.A.	Prepositions, Longman, London 1977.
Corder, S.P.	An Intermediate English Practice Book, Langenscheidt/Longman, Berlin/München 1982.
Fischer, W.	Das englische Diktat in der Schule, G. Braun, Karlsruhe 1971.
Friederich, W.	Langenscheidts Lern- und Übungsgrammatik Englisch, Berlin 1981.
Hoffmann/Schmidt	English Grammar Exercises, Hueber, München 1971.
Jones, D.	Everyman's English Pronouncing Dictionary, Dent, London 1975.
Jones, D.	Phonetic Readings in English, Carl Winter, Heidelberg 1973.
Kißling, H.	Lexikon der englischen Unterrichtssprache, Quelle & Meyer, Heidelberg 1981.
Köhncke, G.	Training Englisch, Klett, Stuttgart 1983.
Lamprecht, A.	Grammatik der englischen Sprache, Volk und Wissen, Berlin (Ost) 1972.
Leech/Svartvik	A Communicative Grammar of English, Longman, London 1975.
Loyd/Gardner	Noch mehr mathematische Rätsel und Spiele, DuMont, Köln 1979.
Mackin/Eastwood	A Grammar of Spoken English, Cornelsen & Oxford University Press, Berlin 1980.
Mackin/Seidl	Exercises in English Patterns and Usage, Cornelsen & Oxford University Press, Oxford 1979.
Marchl/ Kormann-McCall	Englische Diktate für die Mittelstufe, Hueber, München 1972.
Quirk/Greenbaum	A University Grammar of English, Longman, London 1973.
Raith, J.	Englische Diktate mit Homophonen, Klett, Stuttgart 1974.
Smullyan, R.	What Is The Name Of This Book? The Riddle of Dracula and Other Logical Puzzles, Penguin Books, Harmondsworth, Middlesex, England 1978.
Swan, M.	Practical English Usage, Oxford University Press, Oxford 1981.
Thomson/Martinet	A Practical English Grammar, Cornelsen & Oxford University Press, Oxford 1980.
Ungerer/Pasch	Englische Grundgrammatik, Klett, Stuttgart 1980.
Vester, F.	Denken-Lernen-Vergessen, DVA, Stuttgart 1975.
Werneck, T.	Denkspielereien, Heyne, München 1979.
v. Ziegesar, D.u.M.	Kommunikative Grammatikübungen für den Englischunterricht, Klett, Stuttgart 1981.

Empfehlenswerte Wörterbücher

Hornby, A.S. — Oxford Advanced Learner's Dictionary of Current English, Oxford University Press, London 1974.

Longman Dictionary of Contemporary English, Longman, Halrow/London 1978.

Langenscheidts Großes Schulwörterbuch Englisch-Deutsch, Berlin/München 1977.

Langenscheidts Handwörterbuch Englisch-Deutsch, Berlin/München 1979.

Langenscheidts Großes Schulwörterbuch, Deutsch-Englisch, Berlin/München 1977.

The Last Point

Catch the beetle! It would appear that the beetle is on the outside of the box. But if you study the box closely for approximately two minutes, something strange will happen. The box seems to turn inside out. You will then be able to see the beetle inside the box, on a chequered background.

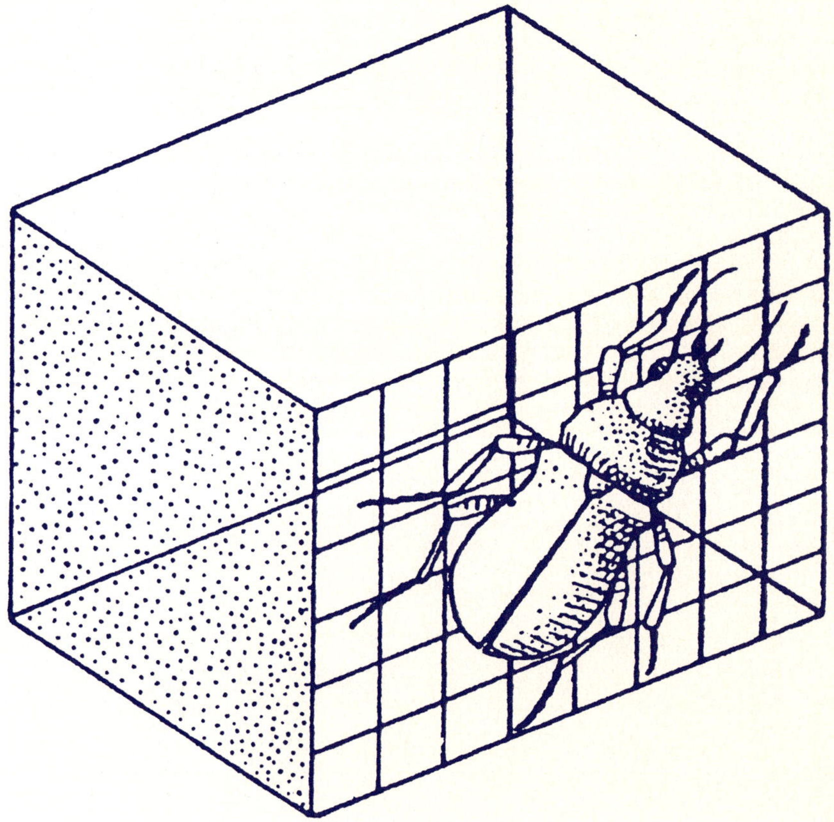

Thank You – Zugabe

So, das war's. Ich hoffe, es hat dir geschmeckt!

Wenn du mit dem Gebotenen zufrieden warst, dann schau doch bei Gelegenheit mal rein. Empfiehl uns bitte weiter.

(Wenn es dir aber nicht geschmeckt hat, schreibe bitte einen Beschwerdebrief an:
Mr. Archie,
Studienhaus
St. Blasien,
Hans-Thoma-Weg 4
7822 St. Blasien) . . .

Ob ich was von dir höre??

Nachdem wir nun gemeinsam so vieles durchsiebt haben, hoffe ich doch, daß ein paar Brocken (oder Bröckchen) hängengeblieben sind.

Wenn dem so ist, wäre dies ja auch ein Grund zu schreiben: Ich freue mich nämlich auch über solche Briefe!

Auf jeden Fall sage ich dir ein dickes Dankeschön, daß du so experimentierfreudig mitgemacht hast. Es war ja auch für mich ein Wagnis, dich in mein "Privatheft" schauen zu lassen.

Hoffentlich bist du mir nicht böse, wenn du in diesem Teil weder die Indirekte Rede noch die If-Sätze behandelt fandest. Aber das kann ja noch werden . . . (Wenn dir meine Privatnotizen etwas gebracht haben, will ich gern in meinen Unterlagen kramen, um dir das ungeliebte summary mit handfesten Vorgaben anzubieten oder ein Gerüst für die gelungene Textanalyse vorzustellen oder ein paar gute Übersetzungstips zu verraten. Wenn die Indirekte Rede und die If-Sätze noch dazu kommen, ist das nächste Buch schon klar. Ja, wenn ich bloß wüßte, ob das jemanden interessiert . . .

Für heute jedenfalls ist erst mal Feierabend! Schlußpfiff für diese Runde!

Na gut, als Zugabe will ich dir noch verraten, an wen du dich wenden kannst, wenn du Poster, Stadtpläne und Landkarten aus Hongkong, Mauritius oder England kostenlos bekommen möchtest – ganz zu schweigen von den tollen Briefmarken . . .:

Hongkong Tourist
Association
P.O. Box 2597 G.P.O.
Hong Kong

Mauritius Government
Tourist Office
Sir S. Ramgoolam Avenue
Port Louis

Tourist Information Center
(BTA)
Queen's House
64 St. James's Street
GB-London SW1A 1NF

Weitere Geheimadressen
verrate ich dir später.
Also dann, bis dann!
Dein Archie

tte fordern Sie kostenlos
nd unverbindlich Katalog
nd Informationsmaterial an

laterialien
ır rationelleres
ernen

bungsprogramme
ır Konzentrations-
rderung

erntechnikseminare
nd Ferienkurse
r Schüler

enn die Antwortkarten
reits herausgetrennt sind,
hreiben Sie bitte
ler rufen Sie kurz an:

tudienhaus
t. Blasien

ans-Thoma-Weg 4
ostfach 1105

22 ST. BLASIEN

lefon 0 76 72 / 22 89

Senden Sie mir kostenlos und unverbindlich Ihren Katalog und Informationsmaterial.
Ich interessiere mich für: (Gewünschtes bitte ankreuzen)

O Materialien für rationelleres Lernen
(Cassetten, Karteien, Trainingsprogramme, Lernzubehör)

O Übungsprogramme zur Konzentrationsförderung
(Konzentrationstraining und Autogenes Training für Schüler)

O Lerntechnikseminare und Ferienkurse für Schüler

O Inland
O Ausland

Bitte tragen Sie Ihren Namen und Ihre Anschrift auf der Rückseite ein

Senden Sie mir kostenlos und unverbindlich Ihren Katalog und Informationsmaterial.
Ich interessiere mich für: (Gewünschtes bitte ankreuzen)

O Materialien für rationelleres Lernen
(Cassetten, Karteien, Trainingsprogramme, Lernzubehör)

O Übungsprogramme zur Konzentrationsförderung
(Konzentrationstraining und Autogenes Training für Schüler)

O Lerntechnikseminare und Ferienkurse für Schüler

O Inland
O Ausland

Bitte tragen Sie Ihren Namen und Ihre Anschrift auf der Rückseite ein

Absender:

Name, Vorname

Straße, Nr.

Postleitzahl, Wohnort

Ferien-Betreuung
ENDRES

Bitte frankieren

POSTKARTE

An das

STUDIENHAUS ST. BLASIEN

Hans-Thoma-Weg 4
Postfach 1105

7822 ST. BLASIEN

Absender:

Name, Vorname

Straße, Nr.

Postleitzahl, Wohnort

Ferien-Betreuung
ENDRES

Bitte frankieren

POSTKARTE

An das

STUDIENHAUS ST. BLASIEN

Hans -Thoma-Weg 4
Postfach 1105

7822 ST. BLASIEN